Ângela Regina, 17/09/05

Pense como EINSTEIN

SCOTT THORPE

Pense como EINSTEIN

Uma Maneira Simples de Transgredir as Regras e Descobrir o Seu Gênio Oculto

Tradução
MARCELO BRANDÃO CIPOLLA

EDITORA CULTRIX
São Paulo

Título do original: *HOW TO THINK LIKE EINSTEIN.*

Edição	O primeiro número à esquerda indica a edição, ou reedição, desta obra. A primeira dezena à direita indica o ano em que esta edição, ou reedição foi publicada.	Ano
4-5-6-7-8-9-10-11-12		05-06-07-08-09-10-11

Direitos de tradução para o Brasil
adquiridos com exclusividade pela
EDITORA PENSAMENTO-CULTRIX LTDA.
Rua Dr. Mário Vicente, 368 – 04270-000 – São Paulo, SP
Fone: 6166-9000 – Fax: 6166-9008
E-mail: pensamento@cultrix.com.br
http://www.pensamento-cultrix.com.br
que se reserva a propriedade literária desta tradução.

Impresso em nossas oficinas gráficas.

Ao Dr. Alder por me fazer começar
e a Vicki por me deixar terminar.

Meus agradecimentos a Hillel Black
pela hábil revisão de texto
e pelas sugestões inteligentes.

SUMÁRIO

Capítulo 1 O SEGREDO DE EINSTEIN 9

Capítulo 2 PENSE COMO EINSTEIN 19

Capítulo 3 O PROBLEMA CERTO 29

Capítulo 4 NENHUMA IDÉIA É MÁ 49

Capítulo 5 COMO SAIR DOS PADRÕES 59

Capítulo 6 AS SEMENTES 75

Capítulo 7 COMO TRANSGREDIR AS REGRAS 111

Capítulo 8 COMO DEIXAR A SOLUÇÃO CRESCER 133

Capítulo 9 COMO EVITAR O MARTÍRIO 155

Capítulo 10 O PENSAMENTO EINSTEINIANO NAS EMPRESAS 167

Capítulo 11 O PENSAMENTO EINSTEINIANO NO DIA-A-DIA 183

APÊNDICE A: OS FORMULÁRIOS DO PENSAMENTO EINSTEINIANO 199

APÊNDICE B: A EQUAÇÃO DE EINSTEIN 217

Capítulo Um

O Segredo de Einstein

> "O senso comum é o conjunto de preconceitos adquiridos até os 18 anos de idade."
>
> — ALBERT EINSTEIN

Este livro vai ensinar você a encontrar soluções para seus problemas mais difíceis, até para os impossíveis. Você vai aprender as técnicas implícitas nas soluções encontradas por Albert Einstein, o maior solucionador de problemas de todos os tempos. Einstein resolveu problemas que se contavam entre os mais desconcertantes do mundo, e conseguiu resolvê-los porque tinha uma maneira muito diferente de pensar. Usando as técnicas que ele usava, você pode aprender a pensar da mesma maneira que ele.

Essas técnicas, bem como as desenvolvidas por outras pessoas e que também serão apresentadas neste livro, não servem somente para desvendar os enigmas do universo. Aprendendo esses métodos novos de resolução de problemas, você poderá aumentar a rentabilidade do seu negócio, melhorar as oportunidades educacionais dos seus filhos, fazer inovações artísticas e criativas e melhorar a sua qualidade de vida. Os problemas difíceis de todos os tipos podem ser resolvidos porque, por trás do pensamento de um gênio, há um único princípio fundamental: **você tem de transgredir as regras.**

Einstein foi uma das pessoas que fizeram isso com mais naturalidade; era o "James Dean" da ciência. Não se limitou, aliás, a desafiar as leis da física. Foi contra as tradições e indispôs-se com diversos governos. Seu espírito transgressor causou-lhe problemas constantes, mas a sua corajosa disposição de violar toda e qualquer regra era um dos elementos essenciais do seu gênio. Era ótimo para resolver problemas porque era um especialista em transgredir regras. Aliás, essa é uma característica comum a todos os gênios e é habilidade que pode ser aprendida e cultivada. Se aprendermos a transgredir as regras, todos nós poderemos pensar como Einstein.

As Rotinas de Regras

"Poucas pessoas são capazes de expressar com equanimidade opiniões que diferem dos preconceitos do ambiente social a que pertencem. A maioria das pessoas, aliás, não é capaz sequer de formar essas opiniões."

— ALBERT EINSTEIN

Se existir um problema que você não consegue resolver, provavelmente é porque você está encalacrado numa rotina de regras. Todos nós temos as nossas regras — hábitos de pensamento profundamente arraigados que nós tomamos por imagens da verdade. Nossas regras se formam naturalmente. Pelo uso repetido, as idéias tornam-se regras. Quando uma rotina de regras é criada, todas as idéias conflitantes são ignoradas.

Nem sempre as regras são más. São como os trilhos da estrada de ferro. Se você quer ir aonde os trilhos vão, eles são perfeitos. Mas, assim como existem lugares aonde os trilhos não chegam, assim também há soluções às quais não podemos chegar por meio das regras. Para chegar lá, temos de sair dos trilhos.

As regras tolhem as inovações do pensamento porque parecem perfeitas. Elas ocultam as diversas soluções superiores que existem, mas que estão fora das nossas rotinas. Essas soluções excelentes só podem ser encontradas quando violamos as regras.

Ninguém é imune às rotinas de regras. O próprio Einstein ficou engasgado por anos e anos por causa de um preconceito. Para ele, na época, a regra parecia inviolável.

Provavelmente, você não está interessado em descobrir as leis que regem o universo, mas isso não significa que você não tenha problemas difíceis para resolver. Pode até ser que os seus problemas sejam mais difíceis que os de Einstein. Pode ser que você esteja competindo com pessoas hábeis num ambiente que muda de figura toda vez que você o define mentalmente. O desafio a ser vencido pode parecer impossível. Mas a solução existe — desde que você seja capaz de aprender a transgredir as regras.

Quando nos deparamos com problemas aparentemente impossíveis de serem resolvidos, o verdadeiro obstáculo está dentro de nós. São os nossos hábitos, nossas experiências, pressupostos errôneos, meias-verdades e generalizações indevidas que nos afastam das soluções brilhantes. As grandes idéias inovadoras, as soluções essenciais, existem sim — mas estão fora do pensamento predominante. Se não estivessem, outra pessoa já as teria encontrado. Para resolver problemas impossíveis, você tem de transgredir as regras.

TRANSGREDIR AS REGRAS E RESOLVER PROBLEMAS

"Às vezes me pergunto por que fui eu que desenvolvi a teoria da relatividade. A razão, segundo me parece, está em que o adulto normal nunca pára para pensar nos problemas do espaço e do tempo. São coisas em que ele pensava quando era criança. Mas meu desenvolvimento intelectual foi mais lento e, por isso, só comecei a pensar no espaço e no tempo depois que já era adulto."

—ALBERT EINSTEIN

Dizer que o segredo do gênio de Einstein estava no seu espírito transgressor é uma afirmação perigosa. Afinal, ele também era brilhante por natureza e extremamente perseverante. Como sabemos que o espírito transgressor não era apenas uma característica excêntrica de seu gênio? Vamos fazer um experimento de pensamento, muito simples, para saber o que possibilitou que Einstein tivesse tão estupendas idéias. Einstein adorava os experimentos de pensamento, e por isso é muito justo que ele mesmo seja o tema de um tal experimento. Examinaremos a inteligência, o conhecimento e o espírito transgressor de Einstein para ver de que modo cada uma dessas variáveis afetou a sua produção criativa. Para isso, não precisaremos recorrer nem à matemática nem à física.

A inteligência de Einstein sempre foi grande, durante toda a sua vida. No nosso experimento, vamos representá-la por uma linha horizontal (Figura 1.1). Seu vasto conhecimento de matemática e de ciências aumentou progressivamente no decorrer da vida. Vamos representá-lo por uma linha ascendente. Até aí, nada que não se pudesse esperar de um gênio.

Mas, quando examinamos as contribuições científicas de Einstein, os problemas por ele resolvidos, algo parece não estar certo. A começar de 1905, ano em que saiu da faculdade, Einstein passou um longo período pensando de maneira realmente revolucionária. No decorrer de quase vinte anos, operou importantes progressos na ciência. As inovações mais profundas ocorreram durante um único ano excepcional no começo de sua carreira. Porém, nos anos subseqüentes, sua atividade de resolução de problemas diminuiu. Representaremos esse declínio por uma linha descendente. Einstein continuou investigando os problemas mais importantes da física; não deixou de ser inteligente; seu conhecimento de física e matemática era ainda maior do que antes; podia trabalhar ininterruptamente e contava com a colaboração das mentes mais brilhantes de sua época. Apesar de tudo isso, não resolveu mais nenhum problema científico de grande importância.

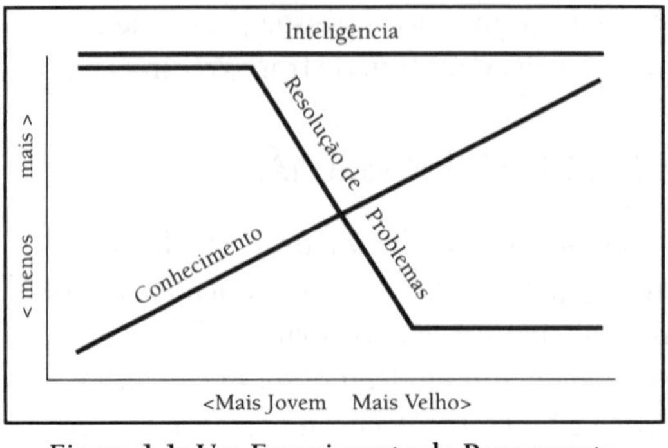

Figura 1.1: Um Experimento de Pensamento

Teoricamente, a capacidade de resolver problemas de Einstein deveria estar correlacionada à sua inteligência e ao seu conhecimento. Porém, essa capacidade diminuiu à medida que o seu conhecimento aumentou. A inovação estava no auge quando o conhecimento estava no grau mínimo. Isso não parece correto. Poderíamos desconsiderar os resultados do nosso experimento se esse mesmo padrão não se repetisse nas vidas de um sem-número de pessoas brilhantes. As pessoas dispostas a violar as regras são capazes de resolver problemas sem solução. Geralmente são novatas em seu campo e não carregam a bagagem de anos e anos de estudo.

Não foi o Einstein sábio, idoso e professor universitário que desvendou os mistérios do espaço e do tempo. Foi um Einstein bisonho, recém-saído da faculdade, que verificava para o departamento de patentes da Suíça as inovações ocorridas em máquinas de torcer roupa. Naquela época, a física era para ele uma atividade extra; e ele transgredia as regras.

O problema que ele resolveu pela equação $e=mc^2$ não era novo. Toda uma geração de cientistas já vinha tentando compreender por que a luz sempre parecia deslocar-se à mesma velocidade em relação ao observador. Quer você esteja caminhando na direção de um raio de luz, quer esteja se afastando dele, a velocidade da luz é a mesma. Esse era um dos problemas mais importantes e desconcertantes da ciência. Muitos intelectos brilhantes aproximaram-se da solução, mas não conseguiram obtê-la por causa de uma regra.

Uns dois séculos antes daquela época, Isaac Newton decretara que o tempo era absoluto. Nunca passava nem mais rápido, nem mais devagar. Era a constante do universo. O raciocínio de Newton tinha sentido e essa idéia arraigou-se com a máxima firmeza na mente de todos os cientistas posteriores a ele. Era um dos fundamentos de todo o conhecimento científico. Os cientistas nem sequer concebiam a hipótese de violar a regra do "tempo absoluto", e por isso não puderam resolver o problema.

Einstein não teve dificuldade alguma para transgredir a regra do "tempo absoluto" de Newton. Simplesmente imaginou que o tempo podia passar mais rápido para um objeto do que para outro. Com isso, o problema mudava completamente de figura. Umas poucas expressões algébricas (que constam do Apêndice B) puseram Einstein num caminho que revolucionou nosso mundo. Violando uma regra, Einstein resolveu o problema mais difícil da ciência.

Se o espírito transgressor era o segredo do gênio de Einstein, sua capacidade de resolver problemas deve ter diminuído quando ele parou de transgredir as regras — e foi exatamente isso que aconteceu. À medida que os físicos foram desenvolvendo a obra de Einstein, eles criaram uma nova teoria, que girava em torno do conceito de incerteza — a idéia de que certos resultados não podem ser previstos. A incerteza incomodava Einstein. A razão lhe dizia que o universo tinha de ser previsível. Ele odiava a incerteza; não conseguia crer que Deus jogava dados com o universo. Tornou-se, assim, mais um homem inteligente de visão obscurecida pelo próprio bom senso.

Um Problema Impossível: Ganhar no Jogo-da-velha

A maioria dos problemas impossíveis de solucionar é como o problema de ganhar no jogo-da-velha. Você pode jogar quantas vezes quiser, usando as mais diversas estratégias, que não vai conseguir ganhar. Mas, se estiver disposto a transgredir as regras, poderá ganhar no jogo-da-velha e resolver outros problemas desesperadores.

Jogue Duas Vezes

É fácil ganhar no jogo-da-velha se você jogar duas vezes seguidas. "Mas o quê?", você está pensando. "Isso é roubo!" Tudo bem, é roubo, mas funciona. Resolve o problema. Você decide: transgredir as regras ou perder.

Talvez você não queira roubar no jogo-da-velha, mas e num problema importante, um problema difícil que precisa ser resolvido? Você seria capaz de violar as regras para chegar a uma solução? É evidente que não estou falando de violar as regras morais, mas sim as regras que estão na sua cabeça e que lhe dizem como o problema deve ser resolvido.

No mundo real, pouca gente considera a hipótese de jogar duas vezes (roubar), mas na verdade esse tipo de solução foi muito adotada no decorrer da história. Depois de uma batalha da Guerra Civil norte-americana, por exemplo, Robert E. Lee disse aos seus subordinados que tinha certeza de que o General Grant iria para Spotsylvania, pois essa era a melhor opção de que dispunha. Lee encontrou um atalho para aquela posição e pôs suas tropas em marcha. As tropas de Lee jogaram duas vezes, por assim dizer, e chegaram a Spotsylvania antes do exército de Grant.

Também nos negócios é comum jogar-se duas vezes. Quando os fabricantes do Tylenol ficaram sabendo que o Datril, um analgésico análogo, seria lançado a um preço bem mais baixo, resolveram jogar mais uma vez. Baixaram o preço do Tylenol antes que os produtores do Datril pudessem anunciar sua vantagem econômica. O lançamento do Datril gorou e o Tylenol conservou a sua fatia de mercado.

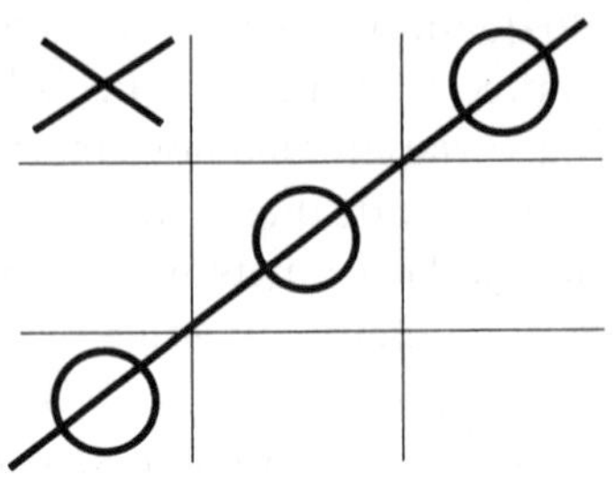

Figura 1.2: Jogar Duas Vezes

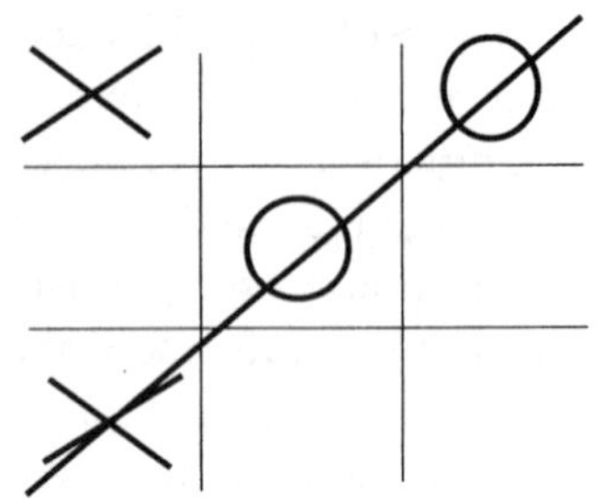

Figura 1.3: Usar as Vantagens Alheias

Use as Vantagens Alheias

Há muitas maneiras de ganhar no jogo-da-velha ou resolver problemas impossíveis. Não é difícil alinhar três peças se você usar duas bolinhas suas e um X do seu adversário. Por que ficar restrito às suas próprias idéias?

Foi o Almirante Harry Yarnell, da marinha norte-americana, que desenvolveu o plano básico do ataque japonês a Pearl Harbor. Ele determinou as melhores rotas, delineou a estratégia e até demonstrou, em 1932, como o plano poderia ser levado a efeito com apenas dois porta-aviões. A marinha imperial japonesa, reconhecendo o valor da idéia, transformou o plano de um almirante norte-americano na viga-mestra de um ataque bem-sucedido contra a própria marinha norte-americana. Os japoneses não ficaram chateados de usar uma estratégia americana. Se ela funcionar, use-a, venha de onde vier. Que idéia de outra pessoa você poderia usar para resolver seu problema?

Adote uma Definição Flexível de Vitória

Se adotar uma definição flexível de o que é a vitória, você pode ganhar no jogo-da-velha ou resolver outros problemas difíceis. Se as três peças não tiverem de ficar alinhadas, você ganhará sempre. Às vezes, nossa idéia de vitória é inadequada ou rigorosa demais. Quando Winston Churchill tinha 35 anos de idade e já era ministro do interior, alguns de seus amigos, igualmente importantes, estavam comentando que não esperavam alcançar posições de tal magnitude com tão pouca idade. Mas Churchill reclamou: "Com a minha idade, Napoleão ganhou a batalha de Austerlitz." Como sua definição de vitória era exigente demais, ele não conseguia ganhar da própria ambição. A alteração da definição de sucesso pode possibilitar uma solução.

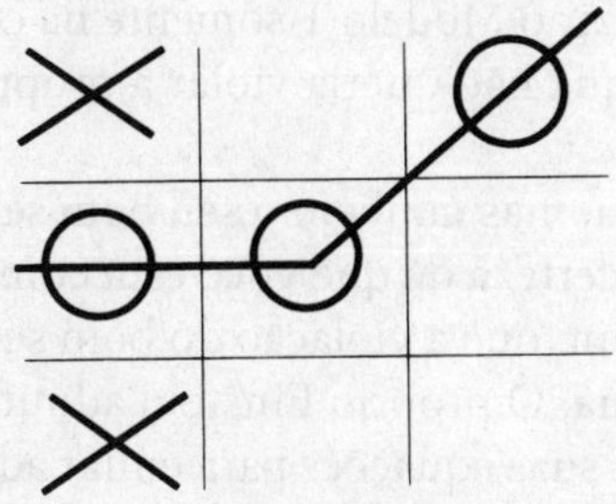

Figura 1.4: Adote uma Definição Flexível de Vitória

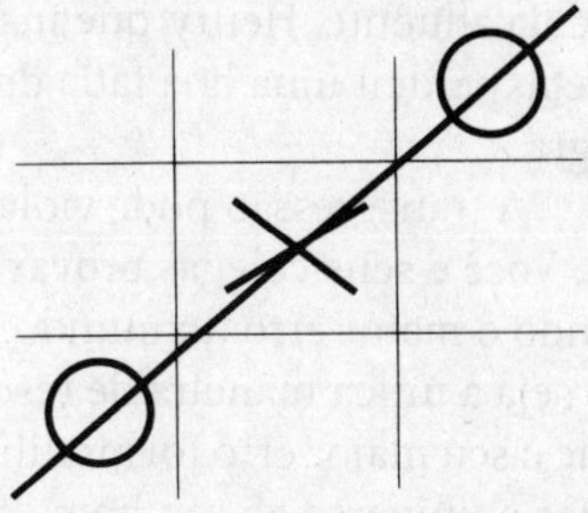

Figura 1.5: Coopere

Coopere

A idéia — a regra — de que é preciso haver um perdedor pode ser o maior obstáculo à vitória de ambos os oponentes. Coopere com o seu adversário para que os dois saiam ganhando. Certa vez, um prédio pegou fogo e ficou totalmente arruinado. O proprietário, porém, não se incomodou, nem tampouco os bombeiros. O proprietário precisava demolir o prédio e os bombeiros precisavam praticar suas técnicas de combate a incêndios. Ambas as necessidades foram atendidas com perfeita sinergia.

Todas essas soluções violam as regras do jogo-da-velha, como Einstein violou as regras da física. Para ganhar no jogo-da-velha ou resolver problemas impossíveis, não basta fazer mais esforço. É preciso transgredir as regras.

O Pensamento Einsteiniano: Transgredir as Regras

"O homem procura adotar para si mesmo, da maneira que melhor lhe convém, uma imagem do mundo simplificada e inteligível; depois, tenta substituir por esse seu pequeno cosmo o mundo real em que vive, sobrepujando este último."

— ALBERT EINSTEIN

O Pensamento Einsteiniano funciona porque os maiores obstáculos à solução de problemas difíceis estão dentro da nossa própria cabeça. É difícil transgredir as regras. É por isso que existem muitas pessoas capacitadas, mas poucos Einsteins. Para resolver o seu problema mais difícil, talvez você tenha de violar uma regra que lhe é muito cara. Henry Ford fez fortuna produzindo em massa o automóvel Modelo T, prático e sempre igual. Porém, quase perdeu toda a sua fortuna por causa de sua "regra do Modelo T".

Seus concorrentes começaram a oferecer acessórios e opções para a classe média afluente. Henry, que insistia em produzir o Modelo T somente na cor preta, perdeu uma boa fatia do mercado porque não queria violar a própria regra.

A transgressão pode violar não só a regra, mas também o seu bom senso. Você e seus colegas provavelmente terão certeza de que você está cometendo o maior erro do mundo. Pode ser, porém, que a violação do bom senso seja a única maneira de resolver o problema. O próprio Einstein admitiu que o seu maior erro foi modificar algumas de suas equações para tentar adequar o universo ao seu bom senso. Seus cálculos lhe diziam que o universo tinha de estar expandindo-se ou contraindo-se. Ele, contudo, achava que o universo tinha de ser estático — bastava uma olhada para o céu noturno para confirmar essa idéia. Foi só mais tarde, quando os astrônomos observaram a expansão do universo, que ele corrigiu sua teoria.

Você, como Einstein, pode resolver os seus próprios problemas impossíveis. Não será fácil, mas será divertido. Transgredir as regras é muito gostoso. Se você for capaz de aprender a transgredir as regras que o impedem de ir em frente, o mundo inteiro será seu.

Capítulo Dois

Pense como Einstein

> "Não há maior sinal de loucura do que fazer a mesma coisa repetidamente e esperar a cada vez um resultado diferente."
>
> — ALBERT EINSTEIN

Você Pode Pensar como Einstein

Você, como Einstein, pode pensar de maneira imaginativa e inovadora. Todos nós temos o direito inato de transgredir as regras. A raça humana é uma raça de pioneiros. Lentos e desprotegidos, os seres humanos não parecem ser as criaturas mais aptas a sobreviver na selva deste mundo. Não obstante, nós ganhamos dos animais, com suas garras e dentes mais afiados, porque somos capazes de transgredir as regras e de mudar nossas estratégias em alguns segundos, não em alguns milhares de anos.

As crianças são inovadoras por natureza. Criam soluções imaginativas sem se deixar deter por quaisquer obstáculos. Mesmo quando crescemos, continuamos a admirar a audácia de pensamento. A revolução é coisa chique. As pessoas que estabelecem tendências são idolatradas. É ofensa chamar alguém de imitador, tacanho ou convencional. Todos nós vivemos em busca de oportunidades de transgredir as regras.

Mas, se a mudança, a inovação e a criatividade são características tão profundas do ser humano, por que ficamos atolados em nossas rotinas de regras? O que acontece com nossa maravilhosa capacidade natural de transgredir essas mesmas regras?

Treinados para Obedecer às Regras

"A única coisa que prejudica o meu aprendizado é minha educação."
— ALBERT EINSTEIN

Nosso talento para a transgressão se atrofia porque somos amestrados para obedecer às regras. A educação, a socialização e a padronização trabalham juntas para criar em nós o hábito de ficar aferrados às regras.

Einstein nunca foi um conformista. Quem nos ficou na memória foi o tranqüilo professor universitário, mas o Einstein que nos deu a relatividade tinha problemas de comportamento. Quase nunca assistia às aulas, pois preferia passar o tempo no laboratório. Era uma pessoa difícil e sofreu muito por sua independência. Seus professores não lhe deram a recomendação que seria necessária para que ele assegurasse uma posição na universidade. Porém, Einstein adquiriu todos os conhecimentos disponíveis em sua época sem tornar-se um escravo desses mesmos conhecimentos. Isso lhe deu uma vantagem enorme.

Quando saímos da escola ou da faculdade, continuamos a aprender a seguir os procedimentos, a acatar as opiniões das massas e a respeitar as autoridades. Mesmo as empresas que precisam desesperadamente da inovação desencorajam o pensamento criativo. Quando alguém dá uma sugestão "doida" numa reunião, ninguém diz: "Veja só, esse pensamento original pode levar a uma solução nova!" Não, muito pelo contrário: todos olham para cima, balançam a cabeça e voltam ao assunto que estavam discutindo. Nós aprendemos a decorar as regras, aplicá-las e venerá-las.

Einstein produziu boa parte dos seus pensamentos mais brilhantes quando estava completamente isolado da comunidade científica. Enquanto trabalhava no departamento de patentes, ninguém controlava suas pesquisas. Não havia comitê de avaliação que o pudesse intimidar; nenhum chefe de departamento reinava supremo sobre suas idéias malucas; ele não freqüentava convenções para saber o que todos os outros estavam pensando. Tinha liberdade total para criar grandes soluções, e foi isso o que ele fez.

Os precedentes têm forte influência sobre o nosso pensamento. Mesmo o trem mais moderno e mais tecnológico corre sobre trilhos de bitola convencional. A bitola usada nos Estados Unidos tornou-se convencional porque as estradas de ferro norte-americanas foram construídas por engenheiros ingleses, que usavam essa bitola em seu país. As ferrovias britânicas adotaram essa bitola porque as antigas máquinas de fabricar eixos e rodas para carruagens só podiam fazer eixos desse tamanho. As carruagens tinham eixos desse tamanho para caber nos sulcos escavados ao longo do tempo nas estradas da Grã-Bretanha. As estradas da Grã-Bretanha tinham sido construídas originalmente pelos romanos, e os sulcos foram escavados por carruagens romanas. Os eixos das carruagens romanas tinham o tamanho adequado para carruagens puxadas por dois cavalos romanos.

Assim como um moderno sistema de transporte é submetido a um critério que valia para os cavalos da época romana, assim também os seus pensamentos ainda são moldados por gerações e gerações de pensamentos antigos. Nós continuamos a seguir os mesmos sulcos cavados há milênios, sem perceber que a razão original das regras já desapareceu há muito tempo. Pior ainda: tornamo-nos especialistas nessas regras.

Tornar-se um Especialista

"Para me castigar pelo meu desprezo pelas autoridades, o destino fez de mim uma autoridade."

— ALBERT EINSTEIN

Não há nada de estranho em que o Einstein transgressor das regras fosse o Einstein bisonho. São os novatos que concebem as inovações que ganham o Prêmio Nobel. Os ganhadores recebem o prêmio e o reconhecimento quando chegam ao grau de especialistas, mas suas idéias são criadas na juventude.

Os novatos são os melhores transgressores de regras. É mais fácil violar uma regra que a gente acabou de aprender. Os novatos conhecem os conceitos mas ainda são capazes de ignorá-los. É como aprender os usos e costumes de outra cultura. O estrangeiro pode aprender um costume e adotá-lo, mas também pode violá-lo sem ansiedade, pois o costume ainda não está enraizado. O nativo, por outro lado, nem sequer consideraria a hipótese de violar o costume, pois os sulcos da regra já estão profundamente cavados.

Todos nós nos tornamos especialistas num campo ou em outro. Quando isso acontece, desaparece também o talento para a transgressão que tínhamos quando éramos novatos. As idéias tornam-se regras invioláveis. Para nós, transgredir as regras torna-se tão difícil quanto desafiar a lei da gravidade.

TODOS PODEM PENSAR COMO EINSTEIN

"A ciência todinha, em seu conjunto, não é mais do que um refinamento do pensamento comum do dia-a-dia."

— ALBERT EINSTEIN

Pensar como Einstein é algo que todos podem fazer, independentemente de sua idade ou educação. Até mesmo os especialistas podem ser grandes inovadores. A carreira de Alexander Graham Bell como professor de surdos deu-lhe importantes conhecimentos sobre a fala, que ele aproveitou quando começou a trabalhar no telefone. Dispunha ainda de outra vantagem — não sabia muita coisa sobre aparelhos elétricos. Enquanto todos procuravam melhorar o telégrafo, Bell buscava imitar as cordas vocais. Quando o telefone o deixou rico, ele ingressou em novos territórios onde de novo infringiu as regras. Construiu pipas gigantescas, capazes de levantar um homem, construiu barcos com hidrofólios e melhorou o fonógrafo. Jamais deixou que a idade e a especialização o impedissem de inovar.

A falta de maturidade, de educação e de experiência também não constitui problema. As pessoas de menos experiência costumam ter sucesso lá onde falham seus contemporâneos mais esclarecidos. E é normal que isso aconteça, pois essas pessoas dispõem de uma grande vantagem — seus sulcos mentais não são tão profundos.

O Pensamento Einsteiniano não é um processo complexo. Por outro lado, também não é fácil. É como escrever com a outra mão. Os destros acham estranho escrever com a mão esquerda e os canhotos acham o mesmo de escrever com a direita. Você fica com vontade de voltar a escrever da maneira normal — da maneira confortável — o mais rápido possível. O Pensamento Einsteiniano é parecido. Você tem de levar em consideração idéias que o bom senso condena como absurdas. Tem de infringir regras venerandas, violar precedentes sagrados, elaborar pensamentos heréticos. Felizmente, tudo isso pode ser muito divertido, desde que você esteja com o espírito correto. O pensamento "ambidestro" de Einstein mudou o mundo. Se você pensar um pouco mais como Einstein, poderá mudar pelo menos a sua vida.

O Pensamento Einsteiniano é um conjunto de técnicas que imitam o modo pelo qual Einstein resolvia problemas. É um apoio para a identificação dos verdadeiros problemas, o repúdio dos padrões, a violação das regras, o costume de nutrir e fazer crescer as idéias e outros hábitos que Einstein tinha naturalmente.

O Pensamento Einsteiniano

"Às vezes, as pessoas pagam muito caro por coisas que se pode obter de graça."

— ALBERT EINSTEIN

Pelos comentários de Einstein, sabemos quais os elementos que ele considerava importantes para a resolução de problemas. As técnicas de transgressão de regras que ele utilizava instintivamente são técnicas que qualquer um pode reproduzir. Fazendo o que ele fez, até as pessoas de inteligência mais modesta podem pensar como Einstein. O processo consiste em quatro etapas fundamentais.

Identificar o Problema Certo

Nem Einstein conseguiria encontrar uma solução para o problema errado. É preciso ter um problema fértil, um problema que permita o desenvolvimento de soluções criativas e diferentes das suas expectativas originais. Os problemas estéreis impõem tantas restrições que só podem ser resolvidos por meio de ações impossíveis. Eis um exemplo de problema estéril: "Quero voar batendo meus braços como se fossem asas." Já um problema fértil é aquele que contempla como solução qualquer meio que faça seus pés se levantarem do chão. O bom problema amplia as opções. É preciso pensar muito para chegar ao problema correto, especialmente quando a solução parece óbvia.

Sair dos Padrões

Einstein teve mais êxito quando se dispôs a levar a sério qualquer coisa, sobretudo idéias ridículas. Quando saímos dos padrões, deixamos para trás as estradas batidas e geramos as idéias inéditas que, em geral, a nossa mentalidade prática nos impede de considerar.

Transgredir as Regras

A transgressão das regras é um método frio e intencional para chegar à solução. Se você foi incapaz de encontrar uma solução dentre todas as alternativas viáveis, tem de examinar as alternativas inviáveis e impossíveis — tem de transgredir algumas regras.

Deixar a Solução Crescer

Einstein levou anos para transformar a relatividade numa teoria útil. As grandes soluções quase nunca parecem grandes quando são concebidas. Comparadas com as idéias existentes, mesmo as melhores novidades parecem inferiores. É preciso suspender o juízo, obter ajuda e cometer erros para deixar uma idéia crescer até virar uma grande solução.

Einstein usou naturalmente essas técnicas para mudar o nosso mundo: definia um problema mais fértil, brincava com soluções completamente malucas, transgredia uma regra específica e desenvolvia a idéia nascida da transgressão até torná-la numa solução superior. Você pode resolver os seus problemas da mesma maneira.

As Fórmulas do Pensamento Einsteiniano

"No mundo inteiro, a coisa mais difícil de entender é o imposto de renda."
— ALBERT EINSTEIN

Einstein não precisava de ajuda para pensar como Einstein; esse tipo de pensamento era natural para ele. Porém, o Pensamento Einsteiniano não é natural para nós, e nós precisamos de ajuda. Por isso, vamos usar fórmulas e formulários para imitar o modo de pensar de Einstein. Isso parece contraditório. As fórmulas são regras. Para que constranger o pensamento com uma regra quando estamos tentando transgredir as regras?

O Pensamento Einsteiniano usa a estrutura das fórmulas para redirecionar o fluxo dos nossos pensamentos. Se você quisesse redirecionar o curso de um rio, não deixaria que a natureza se encarregasse do caso. Teria de construir um canal. Do mesmo modo, é preciso uma estrutura para redirecionar o nosso pensamento. Você tem de usar as fórmulas até conseguir escapar da sua rotina de regras. O próprio Einstein poderia ter usado uma fórmula que o forçasse a sair da rotina da "incerteza" que acabou com a sua criatividade.

Essas fórmulas do pensamento criativo são dispostas numa série de formulários. O ato de preenchê-los vai forçar você a fazer certos exercícios que libertarão seu pensamento das rotinas costumeiras. No Apêndice A damos os formulários em branco, mas não é difícil desenhá-los num caderno.

Use os formulários para criar soluções que normalmente você nem sequer levaria em consideração. No exemplo apresentado na Figura 2.1, o formulário pode levar você a pendurar um aviso com aparência "oficial" proibindo que se coma na parte do prédio em que você trabalha; a prometer que vai pagar a um colega vinte dólares para cada rosquinha que você comer; ou a fazer o anúncio anônimo de que estão distribuindo rosquinhas no seu setor, e que todos os que trabalham no prédio estão convidados a vir pegar uma ou duas.

Se você estiver atolado numa rotina, use os formulários para sair dela. Quando as conexões do seu cérebro começarem a mudar e você começar a transgredir as regras regularmente, não terá de usar tanto os formulários. Use-os segundo o necessário para registrar suas idéias ou transpor obstáculos específicos. Porém, quando você está se divertindo e as idéias estão fluindo, uma folha de papel em branco ou um gravador são excelentes para captar seus pensamentos.

Vamos lhe mostrar as etapas do Pensamento Einsteiniano segundo sua seqüência normal. No entanto, você não precisa resolver seus problemas desse modo. A definição do problema pode conduzi-lo diretamente a uma

Definição do Problema Evitar comer rosquinhas no trabalho.		
Idéia	**Razões pelas Quais a Idéia Vai Funcionar**	**Razões pelas Quais a Idéia Não Vai Funcionar**
Vou ser capaz de resistir se as rosquinhas não estiverem no prédio.	Explodir a lanchonete que vende rosquinhas aqui dentro.	Alguém vai trazer rosquinhas de outro lugar.
Minar a área ao redor de onde ficam as rosquinhas.	Não vou comer rosquinhas se ficar com medo.	As rosquinhas não dão medo a ninguém.
Ameaçar quebrar a cara dos meus colegas que trazem rosquinhas, a menos que parem com isso.	Se ninguém trouxer rosquinhas, eu não vou comê-las.	Não posso impedir as pessoas de trazer rosquinhas.

Regra	**Violar a Regra**	**Contornar a Regra**	**Regra Oposta**	**Caso Especial**
É impossível impedir que as rosquinhas entrem no edifício.				X
Eu não tenho medo de rosquinhas.			X	
Não posso impedir que as pessoas tragam rosquinhas para o trabalho.		X		

Figura 2.1: O Problema das Rosquinhas

idéia que você pode fazer crescer até virar uma solução, ou a descoberta de uma regra que tem de ser transgredida pode levá-lo a sair dos padrões de maneira ainda mais criativa. Pense como Einstein para transgredir as suas regras atuais, não para criar novas regras.

Os Melhores Problemas para o Pensamento Einsteiniano

"Quando a solução é simples, é Deus quem está respondendo."

— ALBERT EINSTEIN

Nos capítulos seguintes, vamos começar a pensar como Einstein para resolver problemas difíceis. A transgressão de regras pode ser uma técnica potentíssima para gerar idéias, mas, primeiro, vamos falar sobre a criação de soluções significativas. Escolha um problema difícil de resolver. O Pensamento Einsteiniano se mostra mais útil quando as soluções normais não estão funcionando e não lhe resta outra saída senão violar as regras. São esses problemas, além disso, os que oferecem maior motivação — as recompensas são maiores e as conseqüências, mais amargas. Einstein, transgredindo as regras, resolveu em um ano os dois problemas mais difíceis da física. Vamos ver o que a transgressão das regras pode fazer para resolver o problema mais difícil que você tem.

Para encontrar grandes soluções, você precisa aplicar o Pensamento Einsteiniano de modo mais profundo. Talvez tenha de repetir o processo diversas vezes. Certamente há de enveredar por becos sem saída e encontrará novas definições do problema. Os erros são essenciais; se você não estiver cometendo erros, isso significa que não está penetrando em território desconhecido.

Depois de adquirir uma compreensão maior do papel da transgressão das regras na resolução de problemas, vamos usar esse processo para problemas menores. Não é preciso pensar como Einstein para resolver todo e qualquer problema, mas não há problema que este tipo de pensamento não possa ajudar a resolver. Não há mal nenhum em violar as regras do pensamento para atender a objetivos menos excelsos. Sempre existe uma maneira melhor de fazer as coisas, mas é raro que se busquem melhorias quando as soluções existentes estão funcionando. Além disso, o hábito de transgredir as regras colabora para manter sua mente em boa forma, e eis aí um excelente motivo para aplicar este novo modo de pensar aos problemas comuns e cotidianos.

Cada uma destas técnicas pode ter diversas variações. Mesmo o pensamento de Einstein pode ser melhorado. Crie você mesmo algumas técnicas. Adquira o hábito de procurar sempre uma idéia melhor, pois o mundo está necessitado de boas soluções.

CAPÍTULO TRÊS

O Problema Certo

"Os problemas significativos
que enfrentamos não
podem ser resolvidos
no mesmo nível de
pensamento em que
estávamos quando
os criamos."

— ALBERT EINSTEIN

Quando Einstein começou a trabalhar com a relatividade e a solução que no fim se tornou a equação $e=mc^2$, ele tinha uma grande vantagem — dispunha de um bom problema. Muitos contemporâneos de Einstein estavam pesquisando os mesmos fenômenos, mas procuravam resolver um problema totalmente diferente. O problema deles era mais ou menos assim:

"Como é possível que a natureza aparente agir desse modo, se sabemos que ela não pode agir assim?"

Eles nada conseguiram. De nada adiantaria ter feito mais experimentos, ter tido mais dinheiro ou ter envidado mais esforços. Eles fracassaram porque estavam procurando uma resposta que não existia. Einstein conseguiu porque trabalhava com um problema passível de solução. Ele se perguntou:

"Como seria a natureza se ela de fato agisse da maneira que a vemos agir?"

Este problema tem solução. Einstein encontrou a solução e mudou nosso mundo com ela. Mas o próprio Grande Einstein teria fracassado se procurasse resolver o problema errado. Para pensar como Einstein, o primeiro passo consiste em formular um problema que permita que você procure e encontre uma solução.

Antes da Resposta, a Pergunta

"No campo da observação, a oportunidade só favorece a mente preparada."

— LOUIS PASTEUR

As respostas só são respostas quando há uma pergunta. Nós só encontramos respostas e boas soluções quando dispomos de boas perguntas. Veja a Figura 3.1.

Não parece haver muito em comum entre os itens que constam da primeira lista. Todos eles são respostas relacionadas entre si — mas você não conhece as perguntas.

As três respostas dizem respeito aos aspectos políticos da mineração. Porém, é difícil saber disso sem conhecer as perguntas. Sem as perguntas corretas, é impossível identificar as respostas. E, sem um bom problema, é difícil reconhecer até mesmo a mais óbvia solução.

Resolver um problema é como procurar antigüidades valiosas. Se você não souber o que está procurando, só vai encontrar coisas velhas e sem valor. É difícil reconhecer por acaso as idéias grandiosas e inovadoras: elas são muito diferentes do nosso pensamento usual e muito semelhantes a pensamentos sem valor. Mas, quando sabemos o que procurar, aumenta muito a probabilidade de encontrarmos uma grande solução.

Arquimedes, gênio da antigüidade, tomava banho todos os dias e, a cada vez que entrava na banheira, a água subia. Mas foi só quando estava pensando numa maneira de medir o volume da coroa do rei que reconheceu no subir da água uma solução brilhante para a medida de volumes. Ficou tão entusiasmado que saiu do banho e, nu, correu pela cidade. Para encontrar uma idéia tão empolgante quanto essa, você precisa ter uma visão clara da solução que está procurando. Então, você também será capaz de reconhecer sua resposta quando estiver dentro dela.

Anote o Problema

"Os analfabetos do século XXI não serão os que não sabem ler e escrever, mas os que não sabem aprender, desaprender e reaprender."

— ALVIN TOFFLER, AUTOR DE *FUTURE SHOCK*

Os grandes problemas têm muitas características específicas, mas todas elas começam com um registro permanente. Você tem de anotar qual é o problema. No ato de registrar os pensamentos há algo que lhes dá vida. A menos que você esteja correndo risco de vida, redija uma definição do problema para começar a resolvê-lo.

Uma Lista	
Herbert Hoover Estação Permanente no Pólo Sul Congo Belga	
A Mineração e a Política no Século XX	
Herbert Hoover	Qual é o famoso engenheiro de minas que se tornou presidente dos Estados Unidos?
Estação Permanente no Pólo Sul	Qual é o projeto científico que limitou decisivamente as atividades de mineração na Antártica?
Congo Belga	Qual era o país em que o controle da mineração de urânio pelos nazistas levou Albert Einstein a escrever uma carta a Franklin Roosevelt aconselhando-o a criar um programa de armas atômicas?

Figura 3.1: Sem uma Pergunta, Não Há Resposta

A definição do problema concentra a mente. Assim como o *laser*, raio de luz concentrada, pode cortar os metais, sua mente pode cortar os mais difíceis problemas se estiver concentrada. A definição do problema representa essa concentração.

Você se sentirá tentado a não fazer este exercício. Vai pensar: "Ora, eu já conheço esse problema de cor e salteado, não preciso defini-lo por escrito!" Vai preferir continuar a leitura. Não faça isso, pois não vai dar certo. Para elaborar soluções brilhantes, é preciso pôr os problemas por escrito.

Comece com uma definição breve. Condense-a e reduza-a aos poucos verbos e substantivos essenciais para o problema. Não use mais do que 25 palavras. Mesmo os problemas mais difíceis podem ser expressos em 25 palavras. Se a definição se estender para além dos pontos essenciais, é muito provável que incorpore algumas das regras que estão impedindo que o problema seja resolvido. Depois de definir o problema, escreva em poucas palavras por que ele precisa ser resolvido. Os problemas cuja solução é necessária sempre acabam sendo resolvidos. Só é um problema algo que você precisa resolver.

Por fim, defina um próximo passo para cada problema. Alguns problemas não são resolvidos, não por falta de soluções, mas por falta de esforço. Nós resolvemos os problemas que queremos resolver. Mesmo os passos dados na direção errada não são perdidos. Os erros, os enganos e os desvios são essenciais para a elaboração das soluções. Se você não está dando o próximo passo que precisa dar para resolver um problema, é porque está mais necessitado de motivação do que de uma solução criativa.

Problema	**Por Que Ele TEM de Ser Resolvido**	**Próximo Passo**
Reduzir as devoluções de produtos	Diminuir as margens de produção	Identificar as três principais razões pelas quais os produtos são devolvidos
Ganhar mais dinheiro	Pagar a faculdade das crianças	Pedir aumento
Triplicar as vendas na Europa	As economias de escala não dão lucro	Aumentar o número de vendedores em Munique
Eliminar a fome	Como existem alimentos suficientes, a fome é repugnante	Análise pelo Pensamento Einsteiniano
Goteiras no telhado	Estão acabando com o forro e o carpete	Trocar as telhas

Figura 3.2: Anote o Problema

Se você tem vários problemas para resolver, registre-os, mesmo que não vá trabalhar conscientemente em todos eles. O simples fato de reler com freqüência a lista de problemas vai inspirar-lhe idéias interessantes. A maioria dos problemas sofre por falta de atenção. Nós não lhes damos atenção suficiente para motivar uma solução. Porém, nosso cérebro é capaz de trabalhar sobre os problemas 24 horas por dia, independentemente de nossas outras atividades. A mente só precisa saber que você quer uma solução. Quando você pensa regularmente sobre um problema, mesmo que só o relembre brevemente, o cérebro se recorda de que a solução é necessária. Os neurônios ficam ativados até que, mais cedo ou mais tarde, você obtenha a resposta. A brilhante matemática Maria Agnesi costumava acordar no meio da noite com a solução para um problema. Depois de detalhar a solução, ela voltava a dormir, e muitas vezes surpreendia-se, pela manhã, ao encontrar a solução escrita a seu lado no criado-mudo. Madame C. J. Walker tornou-se a primeira mulher milionária dos Estados Unidos da mesma maneira: sonhou com a fórmula de crescimento de cabelos que lhe valeu a sua fortuna.

Se você ainda não fez isso, vá ao Apêndice A, "Os Formulários do Pensamento Einsteiniano". Descreva alguns dos problemas que você gostaria de resolver, acrescentando-lhes o motivo pelo qual quer resolvê-los e o próximo passo a ser dado. Depois de completar sua lista, escolha um problema para resolver pensando como Einstein. Os problemas mais difíceis são os melhores. São aqueles cujas soluções comumente são obscurecidas por uma regra idiota. Escolha um problema para o qual direcionará ativamente sua atenção. Passo a passo, pegaremos esse problema e trabalharemos com ele até chegar a uma definição fértil. Como exemplo, vou usar o problema de eliminar a fome.

Etapa 1: Definição Inicial do Problema (25 palavras ou menos)	Eliminar a fome

Como Criar um Problema Fértil

"Nossa era parece caracterizar-se pela perfeição dos meios e a confusão dos fins."

— ALBERT EINSTEIN

Não existe problema impossível de resolver, embora haja tarefas impossíveis de realizar. Às vezes você acha que tem de fazer o impossível, como criar uma nova linha de produção da noite para o dia ou construir uma fábrica em uma semana. Nesse caso, você está com o problema errado. Os maus problemas sempre parecem insolúveis. Já os bons problemas possibilitam grandes soluções. Para criar uma grande solução, a próxima etapa consiste em elaborar um problema fértil.

Estruture o seu problema de modo que você consiga encontrar respostas, tantas e tão variadas quanto possível. Os bons problemas são solucionados pela satisfação de necessidades reais. Os maus problemas pedem soluções específicas. Se uma solução específica não pode ser levada a efeito, você não tem mais o que fazer. Os bons problemas, por outro lado, permitem uma certa maleabilidade. Os maus são inflexíveis.

Nunca se sabe onde a solução poderá ser encontrada ou como você vai acabar tropeçando nela. O problema fértil permite que você procure as soluções em muitas direções, especialmente naquelas para as quais não vê futuro.

Suponha que você tivesse de resolver um problema como o seguinte:

Bob precisa de mais caixas para transportar suas maçãs para o mercado. Ele dispõe de peças retangulares de papelão de um metro por dois metros. Qual é a maior caixa que Bob pode montar com o papelão para embarcar suas maçãs para o mercado?

Este problema não é bom. Só há um jeito de resolvê-lo: calcular qual é a maior caixa de papelão que pode ser feita com aquelas peças. A resposta já parece implícita na pergunta. Até aí tudo bem, desde que a resposta implícita funcione. Porém, as respostas aparentemente mais convenientes geralmente não resolvem problemas difíceis como o que você está tentando resolver.

Einstein tinha o hábito peculiar de voltar às origens para atacar um problema. Dispensava a maioria dos fatos conhecidos e descobria ele próprio, quase a partir do nada, os conceitos fundamentais. Dessa maneira, não caía vítima de muitos pressupostos errôneos que infestavam a mente de seus colegas. Você pode usar essa mesma técnica para transformar seu problema num problema fértil.

IDENTIFIQUE AS QUESTÕES VERDADEIRAS

"O homem sempre tem dois motivos para fazer o que faz — um bom motivo e o motivo verdadeiro."

— J. P. MORGAN

Todos os problemas existem dentro de uma hierarquia de necessidades. Cada problema particular é motivado por necessidades de primeira ordem — os motivos que você tem para buscar uma solução. As pessoas resolvem problemas para ficar ricas, continuar tendo o que comer, mostrar a uma tia-avó que não são um zero à esquerda. Porém, essas necessidades de primeira ordem costumam ser ignoradas quando trabalhamos para resolver problemas.

Você escolheu o seu problema específico porque crê que, resolvendo-o, atenderá a algumas de suas necessidades de primeira ordem. Porém, pode haver outros meios, meios melhores, de atender a essas necessidades primordiais. Pode ser que a necessidade de primeira ordem seja a verdadeira questão. Pode ser que a sua definição do problema seja calcada numa regra obsoleta que diz que "esse é o único meio de atender à sua necessidade de primeira ordem". Se você fizer da necessidade de primeira ordem o seu problema-alvo, poderá encontrar muitas soluções possíveis e inesperadas.

A questão proposta parte do pressuposto de que Bob deve transformar os retângulos de papelão em caixas tão volumosas quanto possível para transportar maçãs. Porém, o problema de mandar mais maçãs para o mercado pode estar em último lugar na hierarquia de problemas de Bob. Para encontrar uma solução de verdade, precisamos voltar às origens, ao próprio Bob.

Se tivermos uma entrevista com Bob, vamos descobrir que o que ele realmente quer é gozar a vida. Aliás, isso não surpreende. Se formos um pouco mais fundo, vamos perceber que Bob acredita que poderá gozar mais a vida se gostar mais da profissão de fazendeiro ou se conseguir ganhar mais dinheiro.

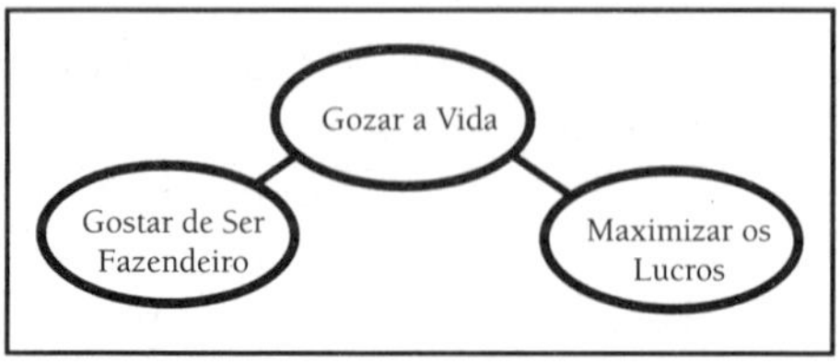

Figura 3.3: As Necessidades Básicas de Bob

Se Bob estiver realmente interessado em aumentar o seu lucro,

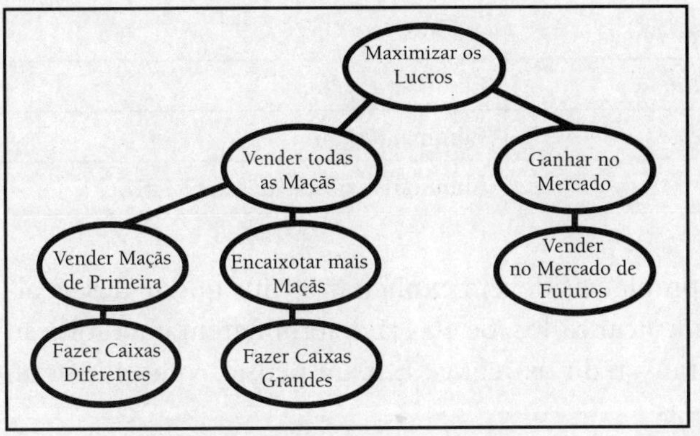

Figura 3.4: As Novas Soluções de Bob

a definição do seu problema deve ser mais ou menos a seguinte: *Bob colheu mais maçãs do que as caixas de que dispõe para mandá-las ao mercado podem comportar. Tem também quinhentas peças de papelão de um metro por dois metros. Aumente ao máximo o lucro dele.*

Essa definição do mesmo problema nos abre novas possibilidades. Bob pode transformar o papelão em cones ou pirâmides bonitos, novas embalagens que, embora menos volumosas, podem melhorar a aparência e o valor das maçãs. Há também outras soluções que nada têm a ver com embalagens. Pode ser que Bob não esteja com um problema de transporte, mas disponha, isto sim, de informações valiosas sobre um excesso de produção de maçãs. Em vez de perder tempo embalando maçãs que serão vendidas a preço baixo por causa da saturação do mercado, Bob pode, por exemplo, vender agora suas maçãs no mercado de futuros, algo que lhe dará muito mais dinheiro.

Havia, porém, outro problema fundamental: como gostar mais da profissão de fazendeiro. Bob pode, por exemplo, trabalhar para transformar suas maçãs nas melhores maçãs do mundo; ou talvez se divirta mais fazendo sidra de maçã. O problema aparentemente simples de como encaixotar mais maçãs pode ser ampliado de modo a comportar um sem-número de novas soluções. Voltando aos aspectos mais básicos do problema, expandimos em muito as soluções já existentes e tornamos muito mais interessante o próprio processo de encontrar uma solução.

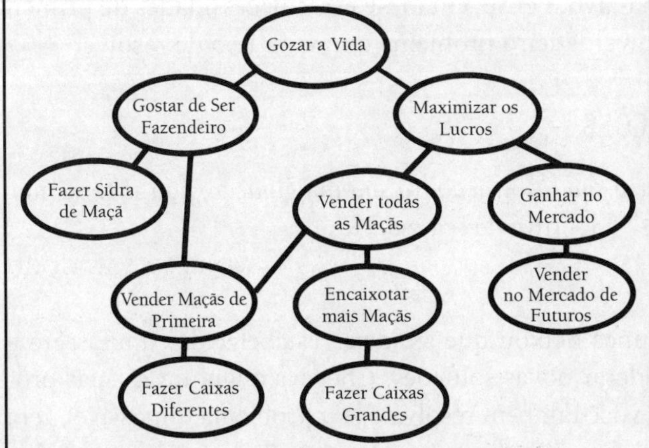

Figura 3.5: As Novas Possibilidades de Bob

Etapa 2: Hierarquia dos Problemas	
Necessidade de primeira ordem	Eliminar a pobreza
Será este o verdadeiro problema?	Eliminar a fome
Subproblemas	Eliminar os obstáculos à iniciativa

As definições dos problemas devem explicitar os fins que se deseja alcançar, não os meios para alcançá-los. Se elas já determinarem uma solução específica, será difícil transgredir as regras. E, para pensar como Einstein, você precisa transgredi-las.

Antes de tentar resolver qualquer problema-alvo, explore as necessidades que exigem que você encontre uma solução. Comece por identificar essas necessidades. Registre-as. Gosto de fazer um desenho que mostra como uma necessidade gera outras necessidades, pois isso me ajuda a compreender a hierarquia dos problemas. Ponho meu problema-alvo no centro da página. As necessidades que o originam vão acima dele. Ao redor, do modo mais adequado, registro os problemas ou soluções alternativas. Uso linhas para ligar os problemas às suas soluções, que por sua vez são outros problemas.

Talvez você queira escrever quais são, na sua opinião, os subproblemas, mas não fixe a atenção neles, exceto para determinar se existe algum problema complicado de ordem inferior na raiz do seu problema maior. É mais fácil criar soluções inovadoras quando nos concentramos nos níveis superiores da hierarquia de problemas.

Descreva a sua hierarquia como você quiser, desde que ela fique fisicamente registrada. Identifique as necessidades e os problemas que estão criando o seu problema-alvo. Pense, então, se essas necessidades de primeira ordem não seriam o verdadeiro problema que você tem de resolver.

Ignore as Limitações

"Não deixe extingüir-se a sua inspiração e a sua imaginação; não se torne um escravo do seu modelo."

— VINCENT VAN GOGH

Einstein quase nunca deixou que as idéias estabelecidas limitassem a sua liberdade de considerar novas soluções. Chegava a ignorar as suas próprias teorias. Para que você também resolva o seu problema impossível, terá de ignorar as suas limitações. Esqueça o fato de que o dinheiro e o tempo disponíveis não são suficientes: eles jamais serão. Esqueça o egocentrismo das

Etapa 3: Ignore as Limitações	
A falta de dinheiro é uma limitação?	Limites financeiros
O egocentrismo de alguém é uma limitação?	
O medo é uma limitação?	
A falta de conhecimento é uma limitação?	
A burocracia é uma limitação?	Limites burocráticos
A falta de habilidade é uma limitação?	
A falta de tempo é uma limitação?	
A falta de educação formal ou de credenciais são limitações?	
A falta de compromisso é uma limitação?	
A atitude das pessoas é uma limitação?	As pessoas são egoístas. Os ricos são cínicos.

pessoas, as atitudes e as tradições. Você não conseguirá resolver os problemas se deixar que esses obstáculos se ponham no seu caminho.

O próximo passo para criar uma definição fértil do problema consiste em identificar as limitações e ignorá-las. Se a sua definição do problema parte do pressuposto de que o dinheiro ou o tempo são limitações, elimine-as. Não pense nem em tempo nem em dinheiro ao procurar uma solução. Isso não é fácil, mas é essencial para resolver o problema.

Ponha por escrito todas as coisas que, a seu ver, podem impedir você de criar uma grande solução para o seu problema-alvo. Depois, esqueça tudo isso. Mais tarde, no capítulo sobre a transgressão das regras, vamos falar sobre essas limitações. Por enquanto, elas não existem.

Esqueça as Respostas Antigas

"O simples precedente é uma autoridade perigosa."

— ANDREW JACKSON

As soluções toleráveis e uma atitude de "não mexer no que não está dando problema" podem impedir você de criar soluções melhores. Se você começar a pensar dessa forma, acorde e lembre-se que as boas idéias são o maior obstáculo a ser superado pelas idéias excelentes. A física newtoniana conseguiu bloquear muitos desenvolvimentos do nosso conhecimento do universo — como, por exemplo, a teoria da relatividade de Einstein — porque funcionava muito bem. Não precisava ser questionada porque quase sempre cumpria a sua finalidade.

As soluções que já vêm sendo apresentadas há anos devem ser temporariamente proibidas até que você defina o problema. Isso parece contradizer a noção de ampliar o leque de opções. O fato, porém, é que essas soluções não são novas, e você só as está excluindo até conseguir examinar sem preconceitos um novo conjunto de respostas. Por enquanto, ignore as respostas antigas para não se deixar desencaminhar por elas. Se elas fossem a solução verdadeira, o seu problema já estaria resolvido.

Etapa 4: Ignore as Respostas Antigas	
Liste e depois ignore as três principais soluções atuais para o problema	1. Ajuda Alimentar 2. Programas de Desenvolvimento 3. Emigração

Para ficar livre para pensar em alternativas melhores, identifique as três principais soluções que atualmente você dá para o problema. Considere-as proibidas. Não se pode ao mesmo tempo transgredir as regras e ficar agarrado à rotina.

Simplifique

"As coisas devem ser tornadas tão simples quanto possível, mas não mais simples do que isso."

— ALBERT EINSTEIN

Os problemas simples e "econômicos" são os mais fáceis de resolver. Einstein simplificava seus problemas. Desenvolveu primeiro sua Teoria da Relatividade Especial. Era especial porque se aplicava a um conjunto de casos simples. "Teoria da Relatividade Simples" teria sido um nome mais apropriado. O fato de trabalhar primeiro com um problema mais simples ajudou Einstein a desenvolver as idéias e instrumentos que possibilitaram a elaboração de uma teoria mais geral.

Muitas pessoas relutam em simplificar o problema porque isso é como roubar no jogo. E é isso mesmo: você está tentando transgredir as regras que

Etapa 5: Simplifique	
Defina uma versão mais simples do problema	Eliminar os obstáculos à prosperidade

tornam o seu problema impossível de resolver, e simplificar o problema é um passo importante nessa direção.

Tire da definição do problema tudo o que você puder tirar. Elimine as precondições, as meias-soluções e as palavras em excesso. Liberte-a dos fardos que tornam tão difícil encontrar uma solução. Certa vez, numa aula, Einstein declarou que as leis da física devem ser simples. Quando lhe perguntaram o que ele faria se elas não fossem, respondeu: "Então, eu não me interessaria por elas." Concentre a sua atenção num problema simples.

MOTIVAÇÃO

"Nada de verdadeiramente precioso nasce da ambição ou do simples senso de dever."

— ALBERT EINSTEIN

As grandes idéias são grandes porque são necessárias. Precisamos de motivos convincentes para pensar em idéias novas e incômodas. A solução tem de ser necessária a ponto de superar nossa inércia mental e física. É por isso que se diz que a necessidade é a mãe da invenção. Onde há uma necessidade, pode-se encontrar uma solução.

O hino de Natal "Noite Feliz" foi composto porque o órgão da igreja quebrou. Nos cultos de Natal, os fiéis só iam dispor de um violão. Por isso, alguém compôs um hino muito belo que pudesse ser cantado ao som do violão.

Um outro gênio, Stephen Hawking, afirma que começou sua carreira na física porque conheceu uma boa mulher e queria se casar. Para isso, precisava de um bom emprego. Hawking desvendou os segredos do universo para sustentar sua família.

James Spangler inventou o aspirador de pó porque não queria perder seu emprego de zelador de um condomínio. Já estava velho demais para manipular a pesada máquina de limpar tapetes, a qual também levantava tanta poeira que o deixava doente. Se não conseguisse inventar outra maneira de limpar os tapetes, perderia o emprego, e isso não podia acontecer. Então, inventou o aspirador.

J. C. Hallmark praticamente recriou o ramo dos cartões de festas nos Estados Unidos porque foi obrigado a fazê-lo. À semelhança de outros distribuidores, ele importava da Europa cartões elegantes para o Dia dos Namorados e o Natal. Porém, todo o seu estoque de cartões foi destruído por um incêndio cinco semanas antes do Dia dos Namorados. Já era tarde demais para importar novos cartões. Ante a ameaça de falência, Hallmark comprou uma pequena gráfica e começou a produzir cartões simples. E, para manter a gráfica funcionando, passou a produzir cartões menos sofisticados para outras ocasiões. Por não ter escolha, Hallmark mudou todo o ramo de atividade em que trabalhava.

Você será muito mais inventivo se a sua necessidade for grande. Imagine um problema bem simples, como limpar um quarto de despejo, por exemplo. O quarto parece impossível de limpar. Porém, se alguém ameaçasse matá-lo se o quarto não estivesse limpo daqui a duas semanas, você o limparia; e faria a mesma coisa se alguém lhe oferecesse cem mil dólares para limpá-lo. Problemas muito mais difíceis do que esse podem ser resolvidos com os incentivos corretos.

Hernan Cortez era um mestre da motivação. Usou o truque de impedir a retirada de suas tropas, destruir seus próprios navios e deixar seus homens irremediavelmente isolados num território hostil. Porém, tinha a mesma habilidade para criar "cenouras" para estimular seu pequeno exército. Prometeu tesouros fabulosos a quem o acompanhasse ao México. Os homens que o seguiram queriam ficar ricos, tão ricos que para tanto estavam dispostos a sofrer anos e anos de trabalhos, privações e ameaças de morte numa terra estrangeira. Cortez era tão convincente que a ilha de Cuba foi abandonada pela maior parte dos seus povoadores espanhóis, que acompanharam a expedição dele.

As motivações que ele proporcionava não eram abstratas. Os que o seguiram tinham na mente uma imagem clara do que o sucesso lhes daria. Viam-se como senhores de grandes propriedades rurais, recebendo convidados obsequiosos sob as insígnias de nobres escudos de armas. Esperavam ansiosamente pelos banquetes e bebedeiras do futuro. As missas pelas quais poderiam pagar garantiriam a salvação de suas almas, e isso os enchia de consolo. Anteviam seus retratos pendurados em grandes salões, honrados e respeitados por gerações e gerações de nobres descendentes. Essa idéia era suficientemente gloriosa e convincente para mover os homens a enfrentar a tortura, o sofrimento e a morte.

Motivados pela cenoura que Cortez pendurou num pedaço de pau, seus homens empreenderam a conquista. Não agiram somente pela força das armas nem trabalharam sozinhos. Cortez resolveu complexos problemas lingüísticos e diplomáticos para ganhar muitas batalhas sem ter de lutar. Convenceu muitos estados avassalados e poderosos de que, se o seguissem, poderiam sacudir o jugo dos astecas. Não foi nada fácil e também não foi muito bonito, mas Cortez e seus homens acharam as soluções. Tinham tudo a ganhar e tudo a perder. É uma pena que Cortez não estivesse em busca de uma cura para o câncer.

Você precisa criar recompensas e conseqüências que o motivem a encontrar soluções. Depois de definir o problema que você quer resolver, especifique o que você vai ganhar se conseguir resolvê-lo. A recompensa tem de deixar você empolgado e entusiasmado. Deve motivá-lo a trabalhar o máximo possível para conseguir uma solução. Os problemas cujas "cenouras" são saborosas sempre são resolvidos.

Sua motivação não pode reduzir-se a palavras abstratas escritas numa folha de papel. Imagine-se na diretoria da empresa, ou recebendo o prêmio tão cobiçado — enfim, gozando os frutos do seu sucesso. A visão tem de ser tangível o suficiente para inspirá-lo quando o problema parecer insolúvel. Tem de captar tudo o que essa solução pode representar para você. Palavras não podem motivá-lo a tentar o impossível, mas uma visão carregada de emoção pode. Descreva essa visão.

Etapa 6: Cenouras	
O que a solução vai criar de bom?	Paz Prosperidade sem culpa

As conseqüências do fracasso têm de ser igualmente veementes. Como você vai se sentir se for vencido? O quanto vai sofrer? Pense no remorso, na decepção, talvez até mesmo na dor física propriamente dita. Crie para si uma imagem real e assustadora. E não se esqueça: registre essa imagem para poder lembrar-se dela sempre que necessário.

Etapa 7: Porretes	
O que acontecerá se não houver solução?	Guerra Epidemias Catástrofes ambientais Culpa

Você não vai resolver seu problema até que as cenouras e os porretes sejam suficientemente convincentes. A motivação vem antes da resolução.

Redimensione o Problema

"Quando um homem sabe que será enforcado daqui a quinze dias, sua mente se concentra de um modo maravilhoso."

— SAMUEL JOHNSON

Se você não conseguiu criar uma motivação suficiente para resolver seu problema, pode ser que ele seja muito grande ou muito pequeno. Os problemas pequenos costumam perdurar por anos e anos porque, a curto prazo, o custo de solucioná-los é maior que o sofrimento que eles nos causam. Quanto aos problemas grandes, nós desistimos de resolvê-los porque a solução é difícil. Pode ser que você tenha de redimensionar o seu problema para conseguir resolvê-lo.

Aumente o tamanho do problema pequeno para que ele chame a sua atenção desde já. Se conseguir aumentar artificialmente as suas necessidades, você será mais criativo e mais perseverante em encontrar soluções para muitos aborrecimentos pequenos que tem na vida. Faça do seu probleminha um problemão. Imagine as piores conseqüências possíveis para o seu fracasso. Sinta todo o gosto da dor que você vai sentir se o problema não for resolvido. Então, resolva-o.

Os problemas grandes também são difíceis. Nós desistimos antes mesmo de começar. Nem as maiores recompensas nos motivam. A probabilidade de você realmente tentar resolver um problema impossível é a mesma de você tentar pular de um lado a outro do Grande Canyon.

Reduza o seu problemão a algo que você possa solucionar. As outras pessoas sempre usam essa estratégia conosco. Dizem: "Não vai ser difícil!", ou "Só algumas horas". Certo! Estão tentando redimensionar o problema, reduzi-lo a um tamanho administrável. A idéia delas não é errada. Se você não acreditar que o que está tentando fazer é possível, não tentará fazê-lo.

Para reduzir um problema difícil a um primeiro passo que você possa dar, é preciso resolver a primeira questão intermediária. Depois, enfrente a próxima solução intermediária. Crie motivações para essas soluções provisórias. Faça com que uma solução de 20 por cento já se torne interessante.

Os antigos generais chineses tinham uma tática maravilhosa de motivação. Punham seus soldados numa posição em que a retirada era absolutamente impossível. As tropas só tinham duas opções: lutar e vencer — ou morrer. Lutavam como dragões. Para aumentar sua motivação, coloque-se numa situação mais desesperada. Aposte com alguém que você será capaz de vencer a etapa intermediária. Disponha tudo de modo que o fracasso acarrete no equivalente moral de um enforcamento. Você vai ver que a sua capacidade de concentrar-se na solução intermediária vai aumentar muito.

Etapa 8: Dimensão	
Diminua ou aumente o problema para incitar à ação	Fomentar a prosperidade universal. Eliminar a fome num só bairro.

Avalie suas Motivações

"Onde a disposição é grande, não há dificuldade."

— MAQUIAVEL

A última verificação a que você deve submeter a sua motivação e a sua definição do problema consiste em perguntar-se:

- Acredito que este problema pode ser resolvido?
- Sou capaz de resolvê-lo?
- Vou gostar de resolvê-lo?

Se a resposta a alguma dessas perguntas for "não", algo tem de mudar. Caso contrário, sua falta de convicção ou seu desgosto pelo problema vão sabotar seus esforços.

Etapa 9: O Problema é Estimulante e Divertido?	É!!!

Na história dos seres humanos, quase nunca aconteceu de as pessoas conseguirem realizar algo que supunham ser impossível. Por outro lado, um número enorme de pessoas já fez o impossível quando o acreditava possível. A mesma coisa acontece com os problemas que gostamos de resolver — eles se resolvem. Se você acreditar que o problema pode ser resolvido e que você vai gostar de resolvê-lo, as cartas serão embaralhadas a seu favor.

Continue trabalhando as suas motivações até sentir-se disposto a empenhar o tempo e o esforço necessários para achar uma solução. Se não conseguir criar motivação suficiente, comece a redefinir o problema. A regra em que me baseio é a seguinte: quando o problema é estimulante, a gente pensa nele antes de tomar o café da manhã. E, se você se lembra dele antes de o despertador tocar, é porque está realmente motivado.

Se não conseguir criar motivação suficiente, você tem duas opções: deixar o problema para lá ou desenvolver uma nova atitude.

Uma Nova Atitude

"Tome cuidado com o que você finge ser, porque você é o que finge ser."

— KURT VONNEGUT

Se você ainda tem certeza de que está pensando no problema de forma correta e que ele não pode ser resolvido, só resta mudar uma coisa — sua atitude.

Talvez você precise encontrar a máscara certa atrás da qual se esconder, o *alter ego* correto. Muitas vezes, o *alter ego* se dá melhor porque não sofre as limitações que nos oprimem. Como não é a nossa pessoa, não precisa ter as nossas fraquezas. Personagens de ficção como Don Quixote e o Dr. Jekyl usavam máscaras e *alter egos* para fazer coisas que de outro modo não seriam capazes ou não gostariam de fazer. Para obter resultados extraordinários e se divertir por algum tempo, construa o seu próprio *alter ego*.

Pegue uma folha de papel em branco. Em cima, escreva o nome do seu *alter ego*. Ele pode ser forte, misterioso ou engraçado, dependendo da sua missão. Acrescente-lhe, se quiser, um ou mais títulos de nobreza ou condecorações por serviços prestados.

Depois, descreva essa pessoa. Ela é respeitada, forte, inteligente? Diga por que ela quer resolver o seu problema. Não tenha medo de tomar emprestadas características de pessoas que você admira. Para que o seu *alter ego*, suas paixões e capacidades sejam reais para você, é importante dar atenção aos detalhes. O carro que ele dirige, os livros que lê, o que faz no fim de semana — tudo isso faz parte. Crie uma imagem completa.

Tente imaginar que essa pessoa que você criou de repente ganha consciência dentro do seu corpo. O que ela faria agora? Como vai resolver o problema? Escreva todas essas coisas. Como o seu *alter ego* está usando as circunstâncias que cercam você para fazer tudo isso, você pode fazê-lo também. Então, por que não fazê-lo você mesmo?

Esse exercício elimina as limitações que você mesmo impõe, na medida em que tira você de dentro de si mesmo. Você não precisa ficar esquizofrênico, mas pode se convencer de que o seu problema pode ser resolvido.

A Concentração: O Problema em Toda Parte

"Desisti de tentar ser rigoroso. Agora só me preocupo com estar certo."

— STEPHEN HAWKING

Depois de definir um problema estimulante e fértil, talvez você ainda tenha de repassar várias vezes todas as etapas do processo de definição para ficar satisfeito. É importante fazer isso; não é perda de tempo. Você verá que o problema tem muito mais aspectos do que você supunha a princípio. Cada novo ponto de vista amplia o leque de soluções acessíveis.

Os problemas mais difíceis exigem um esforço prolongado e concentrado. A definição do problema proporciona um foco de concentração coe-

Etapa 10: Definição do Problema	Eliminar as barreiras à prosperidade

rente para o qual você pode dirigir os seus esforços de resolução. Os problemas escritos e sempre novamente estudados têm dez vezes mais chance de ser solucionados. Os que tomam conta dos nossos pensamentos o dia inteiro têm cem vezes mais chance.

Charles Goodyear é o exemplo clássico do que acontece quando se está concentrado. Ele foi um dos principais responsáveis pelo fato de a borracha se ter tornado um produto comercial viável, mas era a última pessoa de quem se poderia esperar tal coisa. Quando embarcou em sua cruzada para transformar a borracha num produto viável, não sabia nada de química nem de indústrias químicas. Não tinha dinheiro nem experiência empresarial. Mas tinha uma vantagem inigualável — era obcecado. Estava determinado a comercializar a borracha. Mesmo quando estava morando com sua família numa antiga fábrica de borracha, comendo em pratos de borracha e provavelmente desejando que a própria borracha fosse comestível, Goodyear não perdeu a disposição. Jamais desistiu. Fracassou várias vezes, mas continuou concentrado na criação de uma borracha cuja comercialização valesse a pena. Por fim teve êxito quando descobriu por acaso o processo de vulcanização que resolveu seu problema e enriqueceu a ele e a sua paciente família.

Depois de definir uma idéia firme da solução que você quer, sua mente será capaz de direcionar para essa solução todo o seu incrível poder de resolução de problemas. É importante que você veja com freqüência a sua definição do problema. Ponha-a em toda parte. Deixe uma cópia no seu caderno de anotações ou na sua agenda. Cole um resumo do problema ou uma única palavra que o represente num lugar bem chamativo, como o painel do seu carro. Sempre que você se lembrar do problema, pense nas cenouras e nos porretes. A motivação produzirá um pensamento melhor. A definição clara do problema e o hábito de pensar nele com freqüência bastam para estimular o surgimento de boas idéias que saiam do seu padrão normal de pensamento.

Quando surgirem novas idéias, talvez você queira mudar a sua definição do problema. O fato de sair da rotina mental lhe dará um novo modo de ver a questão. Não há nada de errado em mudar o problema, desde que você permaneça com uma definição única e concisa na qual possa concentrar a sua mente. A definição fértil do problema é a chave para a sua resolução.

Capítulo Quatro

Nenhuma Idéia é Má

> "Se nós soubéssemos o que estamos fazendo, isto não se chamaria 'pesquisa', não é mesmo?"
>
> — ALBERT EINSTEIN

Como as pessoas têm medo de ter idéias idiotas, elas desenvolvem conceitos baseados num pensamento obsoleto e ineficaz, mas que parece sensato. Trata-se de uma estratégia excelente para evitar o ridículo, mas péssima para resolver problemas. Para criar uma solução brilhante, você precisa de idéias novas — que, em sua maioria, vão parecer absolutamente idiotas.

Se você pensar como Einstein, não vai ter só boas idéias; vai cometer muitos erros, criar noções estranhas e entrar em becos sem saída. Porém, as más idéias são quase tão úteis quanto as boas. Gosto de chamar as más idéias de "Cris-Conceitos", para homenagear uma das idéias mais malucas da história — e que depois revelou-se importantíssima.

Os Cris-Conceitos

> *"A história é uma mentira com a qual todos concordam."*
>
> — NAPOLEÃO BONAPARTE

Tudo o que você aprendeu sobre Cristóvão Colombo foi o contrário do que aconteceu. A idéia dele deu errado. Os outros tinham razão de ridicularizá-lo. Afinal de contas, ele queria chegar à Ásia navegando para o Ocidente — uma idéia incrivelmente idiota. Os principais navegadores e cientistas já sabiam que a Terra era redonda, mas sabiam também que a Ásia ficava longe demais para ser atingida navegando-se para o Ocidente. Os navios do século XV não tinham condições de completar uma viagem dessas. Se não fosse pela inesperada aparição das Américas no meio do caminho, Colombo e seus homens teriam morrido em pleno mar, em algum ponto a sudeste do Havaí.

Colombo compreendeu erroneamente os fatos; mas a sua idéia, por mais que estivesse errada, obrigou-o a sair de uma rotina velha de séculos. Quando finalmente recebeu os recursos necessários para pôr sua idéia à prova, fez uma descoberta brilhante. Não foi a descoberta que ele queria fazer nem a que pensava que faria, mas foi importante mesmo assim.

Depois disso, a história de Colombo foi "purificada" e ele tornou-se, na mente de todos, um homem visionário e dotado de grandes conhecimentos, que fez uma importante descoberta. Na verdade, porém, quem mudou o mundo foi um Cristóvão Colombo mais dotado de coragem do que de conhecimentos precisos.

Todas as más idéias são Cris-Conceitos em potencial. Podem não ser a solução que você está procurando, mas podem conduzir você a uma solução que ninguém jamais imaginou. Os Cris-Conceitos são preciosos. Crie tantos quantos você puder criar; não se deixe coibir pelo fato de as idéias parecerem tolas.

O Fracasso de Morley-Michelson

"Lógica: A arte de pensar e raciocinar de acordo com os mais rigorosos critérios da estupidez humana."

— AMBROSE BIERCE

Certas idéias parecem fracassadas mas são, na verdade, flechas gigantescas que apontam na direção de uma novidade. Uma idéia "fracassada" teve papel de destaque na formulação da teoria da relatividade de Einstein. Para descobrir a relatividade, Einstein baseou-se num experimento "fracassado". Em 1887, A. A. Michelson e E. W. Morley queriam medir as variações na velocidade da luz. Essas variações estavam previstas nas teorias que então dominavam a física. Michelson e Morley bolaram um experimento brilhante para demonstrar que a luz que se movia na direção contrária ao movimento da Terra deslocava-se mais devagar do que a que cruzava transversalmente a trajetória do planeta. O experimento necessitava de um aparelho enorme e extremamente engenhoso. Por fim, depois de meses e meses de preparação, tudo estava pronto. Os dois cientistas tinham a esperança de ficar famosos, ser convidados a festas e jantares e morrer na certeza de que todos os estudantes de física das gerações futuras seriam obrigados a aprender o quanto eles eram brilhantes.

Mas algo deu errado, e muito errado. O brilhante experimento não detectou mudança alguma na velocidade da luz. Foi, então, considerado um fracasso e Michelson e Morley abandonaram por completo a idéia. É claro que, na verdade, eles haviam descoberto algo muito importante — que a luz sempre viaja na mesma velocidade. Foi isso que permitiu que Einstein, anos depois, descobrisse os princípios da relatividade. Michelson e Morley poderiam ter sido tão famosos quanto Einstein se vissem no seu fracasso a tremenda inovação que ele realmente representava.

Idéias Tolas, Mas Supereficazes

"O único homem que não comete erros é o homem que não faz nada."

— THEODORE ROOSEVELT

As más idéias, ou Cris-Conceitos, são essenciais para o desenvolvimento de boas soluções. A inovação raramente caminha em linha reta do problema até a solução. O caminho mais curto entre esses dois extremos é feito geralmente de muitas curvas, subidas, descidas e retrocessos. Ao longo do caminho alinham-se muitos fracassos essenciais para o desenvolvimento da solução final. Seria ótimo evitar todos os Cris-Conceitos que pontilham a trajetória entre o problema e a solução, mas raro é o homem que tem uma sorte dessas.

Os Cris-Conceitos foram a chave da maioria das grandes descobertas. Alexander Fleming ficou entusiasmado quando percebeu que as lágrimas inibiam o crescimento das bactérias. Tentou dar um uso medicinal às lágrimas e fracassou. Porém, a idéia tornou-o sensível a uma noção importante — que certas substâncias poderiam matar as bactérias nocivas sem fazer mal ao paciente.

Quando Fleming descobriu que certos tipos de mofo inibiam o crescimento bacteriano, reconheceu imediatamente a importância dessa descoberta. Foi assim que chegou à penicilina, que salvou milhões de vidas. A penicilina é considerada o maior fator isolado de avanço da medicina em toda a história — e começou com uma idéia má.

A Estátua da Liberdade no Egito? Era esse o plano original. A estátua foi projetada como um farol para o Canal de Suez. Auguste Bartholdi trabalhou nesse projeto por anos e anos. O projeto ficou pronto, mas não foi executado por falta de dinheiro. Todo o trabalho artístico investido nessa obra parecia irremediavelmente perdido, um tremendo desperdício, até que uma nova oportunidade apareceu. E, de repente, a idéia tornou-se perfeita e famosíssima.

Os vizinhos ridicularizaram Gail Borden pela idéia de deslocar toda a população da cidade de Galveston, no Texas, para dentro de um edifício refrigerado a fim de "congelar as doenças". Todos os que já moraram em Galveston, ou lá perto, sabem que a idéia tem fundamento, mas foi concebida muitos anos antes de ser viável. Entretanto, essa idéia despertou Borden para a noção de impedir as doenças prevenindo que as coisas apodrecessem e se estragassem. Anos depois, ele estava cruzando o Atlântico quando várias crianças no navio morreram por beber leite estragado. Borden determinou-se então a combater desde a raiz as doenças provenientes do apodrecimento do leite e dos laticínios. Condensou o leite, enlatou-o e revolucionou o setor dos laticínios.

As más idéias ainda estão por aí. Poucos anos atrás, o videotexto era uma idéia que estava morrendo antes mesmo de ser conhecida pela maioria das pessoas. Caso você não se lembre, o videotexto eram notícias, páginas de compra e venda e de previsão do tempo disponíveis pela tela do televisor. Mais um Cris-Conceito? Pergunte a alguns dos pioneiros desse ramo, que ficaram bilionários quando passaram para a Internet todo o conhecimento que haviam adquirido com o videotexto.

Não Abandone os Novos Pensamentos

"A coisa mais incompreensível do mundo é o fato de ele ser compreensível."

— ALBERT EINSTEIN

Não abandone nem mesmo os novos pensamentos que se mostram claramente inferiores às soluções das quais você já dispõe. As soluções atuais podem se esgotar. Pode ser que, um dia, o progresso se volte para o rumo de uma dessas soluções que antes eram inferiores.

No começo da era das grandes navegações, a China era a maior potência marítima do mundo. Sua frota era gigantesca. Seus navios, enormes, estavam séculos à frente da tecnologia européia. Os comerciantes chineses operavam em todo o Pacífico Sul e também no Oceano Índico. O almirante chinês Cheng Ho comandou muitas expedições de reconhecimento; visitou e cartografou portos tão distantes quanto os da costa oriental da África. A China estava a ponto de se tornar a maior potência do mundo.

Infelizmente, porém, os governantes do país não entenderam de maneira correta as informações obtidas por Cheng Ho. Concluíram que nada tinham a aprender com o mundo exterior, cuja tecnologia, cujos produtos e cuja sociedade eram tão obviamente inferiores aos similares chineses. O imperador proibiu as viagens para o estrangeiro e deixou que os navios mercantes e militares apodrecessem nos portos. Foi então que nações muito menores e menos avançadas, como Portugal, Espanha, Inglaterra e até mesmo a minúscula Holanda, começaram a dedicar-se vigorosamente à exploração e ao comércio marítimo. Levaram séculos para chegar ao nível em que a China já estava, mas chegaram. E chegaram também a dominar o mundo e a controlar, inclusive, boa parte da China.

A má idéia pode ser como o colódio. O colódio era um produto de primeiros socorros usado no século XIX. Não tinha nenhum uso médico e era venenoso, mas todos achavam que era uma coisa boa para se colocar em cortes na pele. Sempre havia um vidro de colódio nas oficinas em geral, onde servia para curar os cortes dos aspirantes a inventores, por exemplo. Por mero acaso, o colódio foi um elemento essencial para a invenção do vidro inquebrável, do celulóide, do raiom e da espoleta. Estava disponível, entrou nas misturas e revelou-se uma boa solução. Os Cris-Conceitos são como o colódio. Podem não ser úteis para uma determinada solução; mas, se ficarem à disposição por tempo suficiente, podem chegar a catalisar uma verdadeira inovação.

O cérebro não tem limite de capacidade nem tem dificuldade para levar em conta diversas opções paralelamente. Não pode haver "excesso" de idéias. O Cris-Conceito de hoje pode ser o filão precioso de amanhã.

A bauxita é o exemplo clássico de uma idéia ruim cuja hora finalmente chegou. O alumínio é refinado a partir do minério de bauxita, que, por sua vez, é extremamente abundante. No passado, os mineiros encontravam inúmeros depósitos de bauxita, mas ignoravam-nos. Só um tolo pediria uma concessão para extrair bauxita. A bauxita crua não tem valor algum, e a extração do alumínio, mesmo em quantidade mínima, era extremamente cara. O alumínio era o mais precioso dos metais preciosos: dava o acabamento às coroas dos reis e revestia o monumento de Washington. Por outro lado, a bauxita era o mais imprestável dos minérios. Isso até que se descobriu como refinar o alumínio a partir da bauxita com o uso da eletricidade. O processo era barato e depois ficou ainda mais barato. De repente a bauxita virou uma boa idéia e o alumínio tornou-se tão comum que, hoje em dia, é material de embalagens descartáveis. Os depósitos de bauxita são procurados e trabalhados. A bauxita, agora, é uma grande solução.

Registre suas Idéias

"A vida é importante demais para ser levada a sério."

— OSCAR WILDE

É importantíssimo que você anote suas idéias. Caso contrário, seus muitos Cris-Conceitos vão sumir da sua mente. A anotação das idéias faz com que elas permaneçam disponíveis para ser usadas no futuro. Além disso, é essencial para que o seu pensamento seja brilhante. O modo pelo qual a história se repete demonstra que as mesmas boas idéias surgem em muitos lugares ao mesmo tempo. A pessoa que tem mais probabilidade de transformar a idéia numa solução — e de ser reconhecida como a criadora da solução — é aquela que anota sua idéia.

Anote todas as suas idéias no Formulário de Síntese de Idéias, no fim deste livro, ou em algo semelhante. No decorrer do tempo, você vai precisar de um caderninho para guardar todas as suas criações.

Não avalie suas idéias quando elas lhe vierem à mente; apenas anote-as. Mais tarde, preencha as colunas de "Razões pelas Quais a Idéia Vai Funcionar" e "Razões pelas Quais a Idéia Não Vai Funcionar". Anote também as ligações dessas idéias com outras idéias e pensamentos. O Pensamento Einsteiniano faz crescer a sua reserva pessoal de idéias, relações e analogias, que são a matéria-prima de mais idéias.

Idéia	**Razões pelas Quais a Idéia Vai Funcionar**	**Razões pelas Quais a Idéia Não Vai Funcionar**
Transformar todos em vegetarianos	Vai aumentar a quantidade de alimentos disponíveis	É difícil mudar o comportamento das pessoas
Cobrar um imposto sobre os produtos de luxo e direcionar os recursos para matar a fome	O fardo recai sobre os ombros dos que mais podem suportá-lo	Os países ricos não vão apoiar a idéia
Desenvolver plantas agressivas para ser cultivadas nas cidades	Há necessidade de alimentos nas cidades mais pobres	O ambiente urbano é muito ruim para a agricultura
Eliminar os impostos sobre a produção de alimentos	Estimular a produção de alimentos	Os países pobres cobram impostos sobre todas as atividades econômicas

Figura 4.1: Formulário Simples de Síntese de Idéias

Os novos pensamentos não nascem do nada. O ato de considerar um conceito novo, mesmo que não seja uma solução, gera idéias que podem ser usadas no futuro. Use a sua lista de idéias como um jogo de ferramentas com as quais você pode resolver seus problemas. Use sua coleção de Cris-Conceitos para inspirar outras idéias e soluções.

Quanto Mais, Melhor

"Não fracassei. Descobri dez mil esquemas que não funcionam."

— BENJAMIN FRANKLIN

Quando for resolver um problema, crie o máximo número possível de novas idéias. Quanto mais idéias você tiver, tantas mais boas idéias vai criar. Os biólogos perceberam que é mais fácil criar mutações úteis a partir dos polípedes — organismos dotados de múltiplos conjuntos de genes. O simples motivo é que a quantidade de material com a qual se pode trabalhar é maior. O fator sorte sempre intervém com força na criação de novas soluções. É mais fácil encontrar uma inspiração útil quando você tem muitas idéias a partir das quais trabalhar. Crie o maior número possível de novos conceitos relacionados ao seu problema. Todos eles poderão ser úteis, de um modo ou de outro. Até as idéias que permanecem "em suspenso" ao longo de toda a sua vida podem ser usadas para o seu proveito, pois os Cris-Conceitos têm um outro uso importante.

Suas idéias fornecem informações preciosas sobre as regras que você adota para resolver problemas. No Pensamento Einsteiniano, transgredir as regras é essencial. Para transgredi-las, você precisa identificá-las. Os Cris-Conceitos são ideais para ajudar você a identificar suas regras. Falaremos mais a esse respeito num capítulo posterior, quando usaremos suas novas idéias para encontrar algumas regras a ser transgredidas. Por isso, escreva e anote tudo, especialmente as más idéias.

Todas as Idéias São Boas (e Ponto Final)

"A lógica é como uma espada — os que fazem uso dela perecerão por ela."

— SAMUEL BUTLER

Mesmo que as más idéias nunca fossem recicladas, ainda valeria a pena tê-las. Em algum lugar, no meio de todos esses conceitos ociosos, há uma solução que, quando for desenvolvida, valerá a pena de todos os erros. As boas soluções compensam o preço de milhares de Cris-Conceitos, com sobra. E, no geral, as boas soluções só aparecem depois de muitos Cris-Conceitos.

As soluções têm um valor extraordinário. O benefício cumulativo advindo da simples iluminação elétrica ou dos jantares para entregar é enorme. Um tanto do valor dessas inovações volta para seus criadores; o resto é partilhado entre todos nós. O solucionador de problemas quase nunca recebe a maior parte do valor de uma solução eficiente, o que não significa que, no decorrer da História, muita gente não tenha acumulado grande fortuna por causa de suas inovações. Porém, nem só as invenções são soluções lucrativas. Novos estilos de liderança, novos processos industriais e comerciais e novos métodos de redução de custos representaram um valor tremendo para os seus criadores e para a sociedade em geral.

Não limite o seu poder de gerar idéias só porque você não pode usar a maioria delas. Mesmo que você não use os seus Cris-Conceitos como soluções intermediárias, nem como catalisadores, nem para transgredir as regras, crie o maior número possível de idéias. Uma delas será brilhante e fará com que todas valham a pena.

Quando você começar a ler o capítulo seguinte, sobre como sair dos padrões, e sempre que for usar o Pensamento Einsteiniano, lembre-se de que ter idéias é bom em si e de que todas as idéias são boas. Idéias doidas, idéias idiotas, idéias que não vão funcionar — todas podem aproximar você da solução daquele problema. Não deixe escapar nenhum Cris-Conceito, nem mesmo o mais bizarro. Escreva-o, aprenda com ele, desenvolva-o, modifique-o. Todas as suas idéias são matéria-prima para a solução que você quer.

Capítulo Cinco

Como Sair dos Padrões

"A imaginação
é mais importante
do que o conhecimento."

— ALBERT EINSTEIN

Como todos nós, Einstein foi criado num mundo tridimensional. Felizmente, porém, não se deixou limitar pelo mundo que conhecia. Usou sua imaginação para ir além das suas experiências e penetrar num universo multidimensional. Embora seja difícil de imaginar, os físicos descobriram que essa idéia se aproxima mais do modo pelo qual o universo se estrutura na realidade. E ela só pode ser compreendida quando vamos além do que nos é familiar.

Como Escapar das Rotinas de Regras

A próxima etapa do Pensamento Einsteiniano consiste em ir além das regras que constrangem o nosso pensamento. O que nós "sabemos" é um obstáculo maior do que o que não sabemos. Porém, limpar nossa mente de todos os preconceitos é tão difícil quanto tirar todo o ar de uma sala. Como a natureza, a mente abomina o vácuo. Algo tem de tomar o lugar das antigas regras.

A contra-almirante Grace Murray, inventora do compilador de computadores, tinha em seu escritório um relógio que andava para trás. Ele lembrava a ela e aos seus convidados que o precedente não era motivo algum para a perpetuação do *status quo*. O relógio foi uma excelente idéia. Nossas tendências inconscientes direcionam para os velhos pensamentos até mesmo as tentativas conscientes de transgredir as regras. Precisamos de ajuda para sair das rotinas de regras e ficar fora delas.

Idéias-Semente

"Quando olho para mim mesmo e para os meus métodos de pensamento, chego à conclusão de que o dom da fantasia foi mais significativo para mim do que o talento para assimilar conhecimentos positivos."

— ALBERT EINSTEIN

Assim como você não pode sair de um fosso profundo sem ter algo em que se apoiar, assim também precisa de uma idéia estranha para sair de uma rotina de regras. Para sair das nossas rotinas, vamos usar idéias-sementes. A idéia-semente proporciona um foco de concentração que não tem absolutamente nada a ver com as regras vigentes de como resolver o problema. O ato de pensar no problema e pô-lo em relação com a idéia-semente o fará descortinar todo um novo panorama de soluções possíveis.

A boa idéia-semente quase não tem relação com o problema que você quer resolver. Parece ridícula. Se você quer acabar com a fome no mundo, por exemplo, um prego é uma boa idéia-semente. Superficialmente, não tem nada a ver com a fome. Se a relação entre a idéia-semente e o problema for forte e clara, a idéia já estará contida dentro das regras e não poderá tirar você de lá. Por outro lado, uma idéia que saia das suas regras atuais pode desencadear toda uma série de novas percepções, como "Como as pessoas fizeram para aumentar em cem vezes a produção e a distribuição de pregos?" "Quais são as alternativas ao uso de pregos?" "Será que as pessoas podem comer pregos?" Se você estiver pensando ao mesmo tempo na fome e nos pregos, ser-lhe-á mais fácil pensar na idéia de comer insetos ou de diminuir geneticamente o metabolismo humano. Porém, sem a idéia-semente para deixar sua mente aberta, seus pensamentos cairão de novo em seus antigos hábitos.

O uso de uma idéia-semente não parece sério. Porém, é de propósito que você está sendo irracional. Se você tentar ser lógico, seu pensamento será sugado de novo pelas regras antigas. Einstein entrou no caminho que o levou a descobrir a relatividade imaginando como seria viajar sobre um raio de luz — um pensamento muito fantasioso. Você também precisa cair na fantasia.

Os adultos têm dificuldade para levar a sério as idéias ridículas. Parece bobagem pensar em pregos quando se está tentando eliminar a fome. Por isso, você provavelmente vai precisar de ajuda para escolher uma idéia-semente. Senão, vai escolher uma idéia-semente que tem a ver com o problema e é, portanto, inútil. É preciso escolhê-las ao acaso. O mais fácil é trabalhar com uma idéia idiota que você é obrigado a aceitar; por isso, no capítulo seguinte, vamos explorar algumas idéias-semente que você vai escolher ao rolar dos dados. Não vá examinando-as de uma em uma até descobrir alguma que lhe pareça cômoda. O ideal é que você se sinta incomodado. O ato de sair dos padrões é contra-intuitivo. O ridículo é uma coisa boa. Se uma idéia-semente lhe parece sensata, é porque ela está próxima demais do seu antigo modo de pensar.

A Síntese de Idéias: Brincar com o Absurdo

"O que é preciso é desenvolver o desejo infantil de reconhecimento e direcionar a criança para campos de atividade importantes para a sociedade."

— ALBERT EINSTEIN

Uma idéia-semente, por si, não basta para dar-lhe uma solução. É somente um ponto de partida para a criação de idéias úteis. Não é um pensamento melhor; é um pensamento diferente. Mas, quando você for explorar a idéia, brinque com ela e descubra o que há nela de interessante ou inteligente. A idéia-semente deixa o seu brilhantismo natural livre para criar uma solução. Esse processo se chama síntese de idéias.

A síntese de idéias é semelhante às perguntas que Einstein se propôs acerca da imagem de viajar sobre um raio de luz. Será que, se ele se olhasse num espelho enquanto estivesse viajando sobre um raio de luz, sua imagem desapareceria? Era uma pergunta idiota sobre uma idéia absurda, mas levou a uma solução brilhante.

A síntese de idéias toma um pensamento e, ampliando-o, transforma-o em muitas idéias que podem ser soluções. Pelo fato de a idéia-semente estar fora da sua rotina, os conceitos que você extrair dela provavelmente estarão fora também. A síntese de idéias torce, expande e transpõe as idéias, mudando-as em pistas de novas soluções. Para este processo, é essencial que você tenha uma definição bem-feita do problema, porque é ela que o levará rumo a uma resposta adequada. Quando você sai da rotina normal, é a definição do problema que o direciona na busca de uma solução.

Quanto a mim, há seis técnicas que eu uso para sintetizar uma boa idéia a partir de uma idéia-semente. Não são as únicas maneiras de se trabalhar com um novo conceito, mas você pode escolhê-las ao rolar de um dado. Se você tiver outra técnica que funcione, use-a.

As técnicas de síntese de idéias podem se transformar em hábitos benéficos. Os hábitos são rotinas de regras, mas as regras têm a vantagem de se tornar fáceis de usar. Você pode usar um hábito de síntese de idéias para expandir qualquer idéia nova e contemplar novas possibilidades em suas idéias. Apresento, a seguir, minhas técnicas de síntese de idéias.

Bom Humor

"A frase que gera mais entusiasmo na ciência, que anuncia as novas descobertas, não é 'Heureca!', mas 'Que coisa engraçada...'"

— ISAAC ASIMOV

Se você está levando a sério o encargo de resolver um problema difícil, use o bom humor. Toda e qualquer tentativa de pensar num problema de maneira radicalmente nova exige um bom senso de humor.

O cérebro tem um mecanismo que é o homólogo mental do sistema imunológico — ele rejeita as idéias que lhe são estranhas. O bom humor suprime a ação do sistema imunológico mental. Se você encarar uma idéia nova com bom humor, será capaz de explorá-la mais a fundo, porque não vai rejeitá-la de imediato. E sua mente estará livre para fazer outras ligações absurdas com a idéia-semente, gerando mais conceitos para soluções.

Para sair dos padrões, não é preciso ter idéias profundas. É preciso que elas sejam diferentes. Tire sarro das novas idéias para impedir que o seu sistema imunológico, e o de outras pessoas, rejeitem-nas antes de explorá-las. Para considerá-las seriamente, não as leve muito a sério. Isso parece uma contradição, mas a contradição é uma das chaves de todo pensamento original.

Use-a para fazer uma piada	Usar pregos para construir mais mercearias, que vendam doces, nas áreas afligidas pela fome
Crie uma imagem bem-humorada	Comer pregos
Faça mau uso da semente	Pregar as portas e janelas dos escritórios da cleptocracia

Para entrar no estado de espírito adequado para trabalhar com uma idéia-semente, faça uma piada com ela. Procure formar em sua mente a imagem mais ridícula possível, associando seu problema e a semente. Se você conseguir dar risada do par semente-problema pelo menos duas vezes, já terá provavelmente saído da sua rotina e estará pronto para fazer a exploração. Ao usar o processo de síntese de idéias para ampliar a idéia-semente, anote as idéias que você tiver.

Idéia	Razões pelas Quais a Idéia Vai Funcionar	Razões pelas Quais a Idéia Não Vai Funcionar
Construir mercearias	As mercearias fazem parte da infra-estrutura de que as pessoas necessitam	As pessoas não têm dinheiro para comprar comida, mesmo que haja mercearias no local

Visualização

"Não é difícil entender o telégrafo sem fio. O telégrafo comum é como um gato bem comprido. Você puxa o rabo dele em Nova York e ele mia em Los Angeles. O telégrafo sem fio é a mesma coisa, só que sem o gato."

— ALBERT EINSTEIN

Periodicamente, nos noticiários, nós vemos presidentes e primeiros-ministros visitando os locais onde ocorreram os últimos desastres de seus países. Quando vão a esses locais, eles não fazem nada, exceto importunar as pessoas que estão trabalhando. Mesmo assim, a visita não deixa de ser uma boa idéia, e não somente pelo efeito publicitário. A mente é muito mais capaz de lidar com as coisas que pode ver em seu contexto próprio e completo.

As imagens mentais desempenhavam papel de destaque no pensamento de Einstein. Ele imaginava os problemas de maneira vívida e pessoal. As imagens ajudavam-no a explorar as implicações de idéias grandes ou pequenas demais para serem vistas.

Construa uma imagem do problema que você está tentando resolver — ou, melhor ainda, três imagens. O melhor é ver os problemas a partir de vários ângulos. Essas imagens podem estar na sua cabeça ou no papel, ou podem ser construídas com jogos de armar. Mas têm de ser imagens vívidas.

Para começar, visualize o problema a partir do seu próprio ponto de vista. Imagine a aparência dele. Qual é o gosto do problema, o peso e a textura dele? O que ele gostaria de ver acontecer? Se o seu problema for uma disputa com outra divisão da empresa para ver quem terá a responsabilidade de desenvolver uma nova tecnologia, tente imaginar a disputa a partir do ponto de vista da tecnologia. Você quer ser desenvolvida e transformar-se numa solução. Quem é mais capaz de fazer isso? Que compensações você daria aos perdedores?

Depois, pense no problema a partir do ponto de vista da idéia-semente. Mesmo que a idéia seja uma pedra ou um verbo, imagine o ponto de vista dela. Com isso, você terá uma perspectiva totalmente inusitada. Imagine que, na disputa pelo desenvolvimento da nova tecnologia, a idéia-semente fosse Joana d'Arc. Ela saberia que a tarefa tem de ser cumprida e a faria cumprir. Mesmo que a tradição lhe negasse essa responsabilidade, ela faria tudo para que a equipe dela triunfasse. Você pode fazer a mesma coisa.

Por fim, considere a semente e o problema a partir do ponto de vista de uma criança. As crianças têm todo o brilho da mente humana, mas não têm os complexos preconceitos da vida adulta. Pense no que uma criança perceberia das relações entre a idéia-semente e o seu problema. Como a criança os descreveria? Como os desenharia? Você pode até mesmo propor essa questão a uma criança de verdade.

No problema de decidir quem vai desenvolver a nova tecnologia, a criança diria, talvez, que é sempre bom que as pessoas trabalhem juntas. A própria Joana d'Arc gostaria de ver todos trabalhando juntos. Quem sabe, uma nova equipe com membros das duas divisões pudesse garantir que a tecnologia viesse beneficiar todos os aspectos da empresa.

Ver o problema	Uma terra generosa e gigantesca. Pessoas desamparadas e sem poder nenhum.
Ponto de vista da idéia-semente	Os pregos cônstroem os edifícios, lojas e fábricas.
Ponto de vista de uma criança	"Por que elas não compram algo para comer?!"

Depois de criar cada uma das imagens, procure soluções novas. Na verdade, elas podem já fazer parte da imagem que você construiu na mente. O que você poderia acrescentar à sua imagem para resolver o problema? Que aspecto teria essa solução? De onde viria?

Idéia	**Razões pelas Quais a Idéia Vai Funcionar**	**Razões pelas Quais a Idéia Não Vai Funcionar**
Eliminar fronteiras	Se os bens transitassem livremente, a fome acabaria.	Todos os países, ricos e pobres, protegem a própria soberania.
"Comprar algo para comer"	Com recursos, os famintos poderiam alimentar-se.	Eles não têm nem emprego nem dinheiro.

Características

"É a teoria que determina o que pode ser observado."

— ALBERT EINSTEIN

Toda idéia-semente tem características que podem levar você a ter um sem-número de novas idéias. Se a sua idéia-semente é o prego, use as características do prego para resolver seu problema.

Reduza sua idéia-semente a seus elementos essenciais. Quais são as partes de um prego? Quais são os atributos de cada parte? Como as partes se encaixam? Acaso as funções das diversas partes são as mesmas ou são diferentes?

Reduza a idéia a semelhanças e diferenças	Servem para construir; são produzidos em massa; são simples; são os mesmos em todo lugar.
Como ela se encaixa no seu contexto maior?	Os pregos agem independentemente, mas seu efeito cumulativo é enorme. Pregos pequenos dão sustentação a grandes estruturas.

Como a idéia-semente pode ser diferenciada? Quais são as diferenças entre dois pregos? Concentre-se naquelas características da sua idéia-semente que lançam nova luz sobre o seu problema-alvo.

Idéia	**Razões pelas Quais a Idéia Vai Funcionar**	**Razões pelas Quais a Idéia Não Vai Funcionar**
Simplificar os alimentos e a sua distribuição	A distribuição de alimentos é programada para atender às necessidades dos países ricos.	As pessoas das regiões menos desenvolvidas não querem só sobreviver, querem prosperar.

Candido Jacuzzi percebeu que as bombas usadas nos tratamentos de hidroterapia do seu filho eram semelhantes às bombas menores que sua empresa fabricava para uso industrial. Fazendo umas poucas modificações, Jacuzzi construiu uma bomba que pudesse fornecer um tratamento hidroterápico caseiro. Logo percebeu que os relaxantes jatos de água não constituíam somente um tratamento terapêutico, e assim nasceu a indústria das banheiras de hidromassagem.

Aplicações

"As pessoas só vêem o que estão preparadas para ver."

— RALPH WALDO EMERSON

Tente usar a idéia-semente como solução. Não importa que ela pareça não ter nada que ver com o problema. Force a semente a fazer parte do resultado.

Este tipo de pensamento é comum quando as opções são limitadas. Para as tribos nômades que vagavam pelas planícies da América do Norte, a solução universal era o búfalo. Eram poucos os demais recursos naturais disponíveis. O búfalo era a resposta a todos os problemas. Como carregar água? Em sacos feitos de estômago de búfalo. O que comer? Carne de búfalo. O que vestir? Roupas de pele de búfalo. O que usar para fazer fogo? Estrume de búfalo. Os búfalos eram usados de mil maneiras diferentes, todas elas engenhosas, porque os índios não tinham escolha.

Como a idéia-semente poderia ser a solução?	Se as pessoas comessem edifícios.
Mude o problema para se encaixar na solução-semente	Construir as fazendas e fábricas necessárias para a prosperidade.
Modifique a semente para torná-la uma solução	Os pregos tornam-se máquinas, edifícios e estradas.

Limitando suas opções, você se obriga a exercer sua criatividade fora das rotinas normais. A idéia-semente não é uma solução que você mesmo teria sugerido. Por isso, você agora é capaz de explorar o problema de maneira nova e singular e obtém novas idéias e pontos de vista que podem evoluir e transformar-se em soluções. Pode até ser que você descubra que a idéia-semente funciona como solução.

William Coleman encontrou por acaso a semente da sua solução numa cidade do interior dos Estados Unidos, na época em que trabalhava como vendedor ambulante para pagar seus estudos de Direito. A semente era uma lamparina que dava mais luz do que qualquer outra no mercado. Coleman fez da lamparina a sua solução. Começou a vender a lamparina e ganhou dinheiro suficiente para comprar os direitos de fabricação da mesma. Seu negócio logo prosperou. Quando a eletrificação rural acabou com o comércio de lamparinas, Coleman não abandonou o negócio, mas usou a tecnologia das lamparinas para fabricar aquecedores. Na Segunda Guerra Mundial, seu "fogareiro de bolso" de campanha foi muitíssimo elogiado; Ernie Pyle, importante jornalista norte-americano, disse que o fogareiro, em termos de utilidade, só perdia para o jipe. Depois da guerra, a prosperidade e o aquecimento central ameaçaram de novo a empresa de Coleman, mas seus herdeiros não se desviaram daquela mesma solução brilhante e tornaram o negócio ainda maior, passando a produzir equipamentos para acampar.

Proponha-se as seguintes perguntas para ter idéias sobre como usar a idéia-semente como uma solução:

Em que circunstâncias essa idéia-semente poderia resolver meu problema?

De que modo o problema teria de mudar para que a semente fosse uma solução?

De que modo a idéia-semente poderia ser modificada para transformar-se numa solução eficiente?

Idéia	Razões pelas Quais a Idéia Vai Funcionar	Razões pelas Quais a Idéia Não Vai Funcionar
Construir fazendas e fábricas	Com uma infra-estrutura de fazendas e fábricas, os famintos podem se alimentar.	Não há "capital de caridade" para financiar a construção de fazendas e fábricas.

Metáforas

"Nenhuma obra criativa veio à luz sem o jogo lúdico da fantasia. A dívida que temos para com o jogo da imaginação é incalculável."

— CARL JUNG

Nós usamos as metáforas e comparações para ligar, pela linguagem, coisas e idéias diferentes. Partindo de algo que já compreendemos, chegamos, usando uma metáfora, a um outro conceito. Pelo fato de ligarem idéias, as metáforas são úteis para extrair mais idéias de uma idéia-semente. Elas ligam conceitos que, segundo outros pontos de vista, não têm semelhança entre si. Podemos usar esses elos para criar novos padrões de pensamento, ligando uma idéia a outra, e depois a outra ainda, até formar um novo conceito. Para quem vai ao trabalho a pé, por exemplo, o aparelho de som portátil é semelhante ao toca-fitas do carro para quem vai ao trabalho de carro.

Para usar a idéia-semente como uma metáfora, vincule-a ao seu problema. O que pode fazer esse elo? É possível que vários elos sucessivos sejam necessários, mas o seu problema pode ser ligado a qualquer coisa, sem exceção. Se o seu problema fosse o de encontrar um meio de dedicar-se em tempo integral à composição musical e a sua idéia-semente fosse Joana d'Arc, quais as metáforas que você poderia criar? Pode ser que, como Joana, você tenha de colocar-se em situações estranhas e incomuns. Ou talvez precise de uma determinação semelhante à dela. Ou, ainda, pode ter de ir à mais importante autoridade musical do seu país e apresentar-se a si mesmo como a solução de todos os problemas musicais.

Para criar mais idéias a partir da idéia-semente, ligue-a a uma terceira idéia. Com o que se parece a idéia-semente? Um clipe de papel é como um

Ligue a situação à idéia-semente	Coisas pequenas, como os pregos, podem ter um grande efeito cumulativo.
Com o que mais se parece a idéia-semente?	Os pregos ligam coisas diferentes entre si. Para eliminar a fome, é preciso ligar os recursos às pessoas famintas.

pretzel de metal, o último recurso dos indecisos, o elemento básico e símbolo da burocracia. Ligando sua idéia-semente a outras coisas, use metáforas para expandir o círculo de idéias que você está considerando. Afinal de contas, uma coisa puxa outra, e depois outra, e depois outra...

Idéia	**Razões pelas Quais a Idéia Vai Funcionar**	**Razões pelas Quais a Idéia Não Vai Funcionar**
Fazer mudanças pequenas, mas que tenham grandes efeitos	Já aconteceu de mudanças pequenas terem enormes conseqüências	Precisamos de mudanças grandes!

Combinações

"Tudo o que você pode imaginar é real."

— PABLO PICASSO

As infinitas substâncias que existem no nosso mundo, desde a pena de ganso até o granito, são todas feitas de um número relativamente pequeno de átomos combinados de diversas maneiras. Os átomos diferem pelo número de partículas subatômicas que contêm. A diversidade do nosso universo se resume, na verdade, a elétrons, prótons e nêutrons misturados em diferentes proporções.

No mundo da mente, os conceitos são continuamente combinados para gerar grandes idéias. O primeiro avião era um planador motorizado. A prancha de windsurfe é uma prancha de surfe com vela. A girafa é uma vaca de pescoço comprido. Kate Gleason usou as técnicas de produção em massa que aprendeu quando fornecia peças para as fábricas de Henry Ford para criar a primeira subdivisão de *trailers* motorizados. Uma variedade quase infinita pode advir da reformulação das relações entre as coisas por meio de novas combinações.

Tente combinar sua semente com outros conceitos. Comece com as melhores soluções convencionais de que você dispõe para resolver o proble-

Combine com soluções velhas	Os pregos e a ajuda indireta proporcionam subsídios para as empresas que fazem investimentos de capital nas áreas mais pobres.
Combine com anti-soluções	Inverter os fluxos de migração — os ricos se mudam para os países pobres.
Combine com outra semente	Pregos e folhas de nenúfar — toda ajuda (pregos) deve se direcionar para projetos locais bem-sucedidos (folhas de nenúfar).

ma. O que a sua idéia-semente pode acrescentar a essas soluções? Ou senão, tente fundir a idéia-semente a uma anti-solução, a um conceito que parece piorar ainda mais o seu problema. O oxigênio e o hidrogênio são explosivos quando separados. Juntos, são a benigna água. Você não sabe de que modo as características vão mudar quando os conceitos se combinam.

Combine a sua idéia-semente com um Cris-Conceito da sua lista de idéias. Use a sua caixa de ferramentas (de idéias) para criar mais idéias. Ou senão, combine uma idéia-semente com outra idéia-semente escolhida a esmo. É certo que o resultado estará fora dos seus caminhos habituais de pensamento. Que idéias você pode criar, por exemplo, combinando Joana d'Arc com a antiga idéia do carro anfíbio? Se o seu problema é conseguir uma promoção, você pode combinar os dois e perceber que tanto Joana d'Arc quanto o carro anfíbio foram bem-sucedidos em circunstâncias incomuns e específicas. Quais circunstâncias incomuns poderiam permitir que você progredisse e fosse promovido? Ou senão, se você está tentando convencer seu marido ou mulher a sair e ir a festas com você, imagine uma festa em que seu cônjuge, Joana d'Arc e um carro anfíbio se sentissem à vontade. Depois, elimine Joana e o carro.

Idéia	Razões pelas Quais a Idéia Vai Funcionar	Razões pelas Quais a Idéia Não Vai Funcionar
Inverter o fluxo de migração	Os empreendedores e capitalistas poderiam fazer grande diferença nos países pobres.	Os empreendedores e capitalistas simplesmente não vão aos países pobres a menos que possam auferir um lucro gigantesco.

Nenhuma Idéia É Má

"Um homem de gênio não comete erros. Seus erros são propositais e são os portais da descoberta."

— JAMES JOYCE

Os exercícios de sair dos padrões terão bom êxito se você for capaz de romper os seus próprios hábitos de pensamento. É claro que a sua meta é a de encontrar soluções. Estas idéias serão úteis para você. Não existem más idéias, só Cris-Conceitos. Mesmo a idéia mais mirabolante criada por você pode ser útil para resolver um problema difícil, e vamos usar essas idéias no capítulo seguinte.

Se você encontrar uma idéia promissora, registre-a como uma semente de solução. As sementes de solução são as idéias que lhe parecem passíveis de ser amadurecidas até virar soluções viáveis. Não são necessariamente soluções que podem ser postas em prática agora, mas soluções das quais você goste e que tenham potencial. São as suas melhores idéias, ou as mais estranhas e incomuns.

Sementes de Solução
Convencer as pessoas dos países ricos a mudar para os países pobres, com vantagens para ambos os lados. Eliminar os obstáculos que impedem que os habitantes de regiões pobres melhorem eles mesmos as suas condições de vida.

Idéia	Razões pelas Quais a Idéia Vai Funcionar	Razões pelas Quais a Idéia Não Vai Funcionar
Construir mercearias	As mercearias fazem parte da infra-estrutura de que as pessoas necessitam.	As pessoas não têm dinheiro para comprar comida, mesmo que haja mercearias no local.
Eliminar fronteiras	Se os bens transitassem livremente, a fome acabaria.	Todos os países, ricos e pobres, protegem a própria soberania.
"Comprar algo para comer"	Com recursos, os famintos poderiam alimentar-se.	Eles não têm nem emprego nem dinheiro.
Simplificar os alimentos e a sua distribuição	A distribuição de alimentos é programada para atender às necessidades dos países ricos.	As pessoas das regiões menos desenvolvidas não querem só sobreviver, querem prosperar.
Construir fazendas e fábricas	Com uma infra-estrutura de fazendas e fábricas, os famintos podem se alimentar.	Não há "capital de caridade" para financiar a construção de fazendas e fábricas.
Fazer mudanças pequenas, mas que tenham grandes efeitos	Já aconteceu de mudanças pequenas terem enormes conseqüências.	Precisamos de mudanças grandes!
Inverter o fluxo de migração	Os empreendedores e capitalistas poderiam fazer grande diferença nos países pobres.	Os empreendedores e capitalistas simplesmente não vão aos países pobres a menos que possam auferir um lucro gigantesco.

Figura 5.1: Tabela de Idéias

Capítulo Seis

As Sementes

> “Precisamos ouvir algumas idéias novas, malucas, sobre este problema.”
>
> — ROBERT OPPENHEIMER

Este capítulo contém várias idéias-semente. Como você vê na Figura 6.1, organizei-as em seis grupos para que você não use com demasiada freqüência o mesmo tipo de idéia. Jogue um dado para escolher o seu grupo de idéias-semente. Dentre as idéias do grupo, escolha uma que lhe pareça incômoda e volte à seção sobre a síntese de idéias. Faça render as suas sementes.

Não leia todas as idéias-semente agora. Elas serão suficientes para resolver muitos problemas. Mas, a cada vez, use uma diferente, e tente inventar outras técnicas da sua própria autoria.

Novos Territórios

> *“O absurdo é mais do que necessário na terra. O mundo fundamenta-se em absurdos.”*
>
> — FIODOR DOSTOIEVSKI

Qualquer idéia diferente do seu jeito normal de pensar pode levar você a novas soluções. Eis algumas idéias-semente para ajudar você a entrar em territórios desconhecidos.

1. **Novos Territórios**
   Substantivos ao Acaso
   Auditoria de Ignorância
   Verbos ao Acaso
   Navegar para Solucionar

2. **Novas Soluções**
   Respostas Maiores ou Menores
   Mais Cedo ou Mais Tarde
   Calamidades

3. **Novas Ferramentas**
   Soluções com um Lenço
   Ferramentas ao Acaso
   Pena Mágica
   Palavras Novas
   Palavras Diferentes
   Novos Símbolos

4. **Novas Condições**
   Parâmetros
   Realidades Alternativas
   Divirta-se

5. **Novas Estratégias**
   Pôquer
   Insetos
   Os Sete Anões
   O Filho de Segunda-Feira

6. **Novas Perspectivas**
   Outro(s) Cérebro(s)
   Leito Hospitalar
   Abismo entre Gerações
   Mudança de Local
   Ponto de Vista Oposto

Figura 6.1: Idéias para Sair dos Padrões

Substantivos ao Acaso

Usando os três primeiros algarismos do número do seu telefone ou jogando dois dados, escolha um dos substantivos da Figura 6.2 para ser sua idéia-semente.

Se você quer eliminar a fome e mora em San Francisco, na Califórnia, sua idéia-semente pode ser *romances em livros de bolso*. O que você poderia fazer com um romance, publicado no formato de livro de bolso, para eliminar a fome? Uma trágica história de morte por inanição poderia garantir o apoio dos habitantes dos países ricos. Uma história inspiradora poderia ensinar os princípios da auto-suficiência aos habitantes de regiões pobres. Essas idéias são apenas o começo. Podem ser expandidas e ampliadas, de modo a fazê-lo sair do seu antigo padrão de pensamento sobre o problema.

Se você tem um problema com um adolescente rebelde e mora perto de Minneapolis, sua idéia-semente seria *pentes*. A característica dos pentes é que eles desembaraçam os fios confusos. Quais as questões que você precisa passar a limpo com seu filho adolescente, com a escola ou com outros parentes? Que idéias isso lhe dá?

Escolha a sua idéia-semente, que não tenha à primeira vista nada a ver com o problema, e amplie-a de modo a encontrar novas idéias. A síntese de idéias pelas características e pelas metáforas funciona bem com substantivos.

Auditoria de Ignorância

Todo o mundo tem pontos cegos na mente. Os pontos cegos, ou zonas de ignorância, são uma espécie de hábito invertido; são coisas nas quais nós sequer pensamos, porque não as compreendemos. Nossas zonas de ignorância são os assuntos aos quais, no passado, não prestamos atenção suficien-

Dados	Primeiros Algarismos	Assunto
2	201-210	Sapos e Anfíbios
3	211-300	DNA
4	301-404	Encomendas de Primeira Classe
5	405-419	Romances em Livro de Bolso
6	420-519	Lápis Número 2
7	520-616	Rei Henrique VIII
8	617-708	Pentes
9	709-717	Bananas Verdes
10	718-799	Cabides de Metal
11	800-816	Formulário do Imposto de Renda
12	817-999	Microscópios

Figura 6.2: Substantivos ao Acaso

te. Para aumentar a eficácia da sua definição do problema, você pode verificar se ela não está excluindo idéias localizadas na sua zona de ignorância.

Infelizmente, é difícil identificar as zonas de ignorância. Sua visão de mundo gira em torno da sua esfera de competência, e você só tem consciência, quando muito, das suas zonas de ignorância parcial. Quanto aos grandes buracos, nem sabe que eles existem. Para conhecer suas zonas de ignorância, você vai precisar da ajuda de um auditor de ignorância. Encontre alguém cuja visão de mundo seja o quanto possível diferente da sua. Procure uma pessoa inteligente, mas de idade, profissão, sexo e/ou cultura diferentes das suas. Exponha a definição do problema ao seu "auditor" e pergunte-lhe o que ele faria para resolvê-lo. Ouça atentamente e registre as idéias dele. Provavelmente, você vai discordar da maioria delas, mas é preciso tê-las em mente ao procurar novas soluções.

Se você está tentando convencer sua mulher e seus filhos a mudar para outra cidade, faça uma auditoria de ignorância com um adolescente que acabou de fazer o mesmo tipo de mudança. Explore os problemas e as oportunidades que a mudança originou. Pergunte ao seu auditor como ele resolveria o problema.

Registre as idéias do auditor nas faixas "Conhecido" ou "Desconhecido" de um formulário como o da Figura 6.3. Se a idéia for desconhecida, tola ou difícil de entender, registre-a no anel exterior. As idéias do anel exterior podem representar campos de pensamento que você está ignorando por completo. E as áreas de ignorância são das principais matrizes de novas soluções. Você nunca pensou nesses assuntos, e por isso eles não fazem parte dos seus hábitos de pensamento. Aprenda mais coisas sobre esses novos territórios e verifique se por acaso eles não contêm os germes da sua solução.

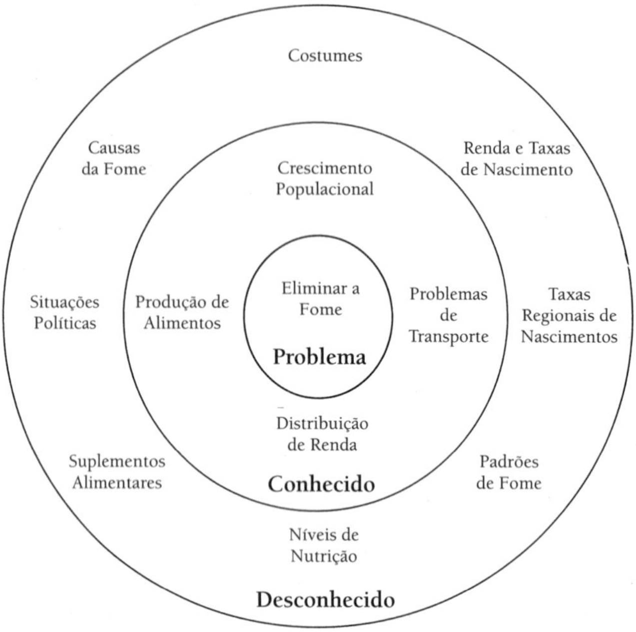

Figura 6.3: Zonas de Ignorância

Dados Dois	Últimos Algarismos do RG	Verbo-Solução
2	00-08	Correr
3	09-19	Selecionar
4	20-25	Aconselhar
5	26-39	Selar
6	40-46	Atomizar
7	47-57	Ceder
8	58-64	Adquirir
9	65-72	Retirar-se
10	73-79	Contestar
11	80-85	Elevar
12	86-99	Congelar

Figura 6.4: Verbos ao Acaso

Verbos ao Acaso

Use um verbo como idéia-semente. A partir da tabela da Figura 6.4, escolha um verbo jogando dois dados ou usando os dois últimos algarismos do seu R.G. ou outro documento de identificação. Depois, empregue uma técnica de síntese de idéias para ter mais idéias a partir dele.

Se você está tentando encontrar tempo para fazer exercícios e tira nove nos dados, seu verbo é *retirar-se*. A síntese de idéias por aplicação é especialmente útil com verbos. Como você pode se retirar e ter mais tempo para fazer exercícios? Quem sabe, "retirando-se" de outros compromissos. Quais compromissos você deixaria de lado? Ou, se você está pedindo um aumento e tira um sete, no que você pode ceder para conseguir o aumento? Talvez, se cedesse num determinado ponto, as negociações poderiam ser retomadas. Escolha um verbo e use-o para resolver seu problema.

Navegar para Solucionar

A televisão é uma fonte excelente de idéias aleatórias. No apertar de um botão, você passa de um fluxo de consciência a outro. Ela é perfeita para fazer você sair da sua rotina mental, mas é preciso usá-la corretamente. Você vai precisar de caderno, caneta e uma televisão ligada com o volume de som a zero.

Escreva em seu caderno as palavras *pessoa*, *lugar*, *objeto* e *ação*. Feche os olhos e comece a mudar os canais com o controle remoto. Pare de mudar os canais, abra os olhos e identifique a primeira pessoa que você vê na tela. Registre o nome ou o tipo de pessoa. Repita o processo para obter um lugar, um objeto e uma ação ou acontecimento. Você terá assim um conjunto aleatório de dados. Use-os para elaborar três ou quatro soluções novas.

Se, navegando nas ondas da TV, você obtém um jogador de basquete, um McDonald's, um carro esporte e uma discussão, como esses elementos podem ajudá-lo a resolver um desacordo com seu vizinho por causa de uma árvore, no quintal dele, cujos ramos ficam sobre o seu jardim? Você pode pôr o seu vizinho dentro do carro, levá-lo para assistir a um jogo de basquete e depois resolver a questão comendo um sanduíche no McDonald's. Pode pedir que ele pode a árvore de modo que um jogador de basquete possa ficar de pé sobre um carro esporte e mesmo assim não bater a cabeça nos ramos. Pode até dizer que, se a árvore não for podada, você será forçado a vender a casa a um astro do basquete que planeja transformá-la num *drive-thru* do McDonald's.

Quando a sua imaginação já estiver bem acelerada, projete um curso de ação novo e viável a partir dos elementos que você colheu. Deixe de lado as suas regras habituais!

Novas Soluções

"Todo problema humano tem sempre uma solução fácil — evidente, plausível e errada."

— H. L. MENCKEN

Para sair da sua maneira habitual de pensar sobre um problema, você pode mudar radicalmente a sua definição da solução. Como já dissemos, é essencial ter uma boa definição do verdadeiro problema. Mas e se um erro sério de concepção estiver distorcendo o seu pensamento? Talvez suas regras sejam tão fortes que, na hora de definir o problema, você não conseguiu expandir suficientemente a sua definição da solução para ter mais espaço para manobrar. Alterando drasticamente o problema que você quer resolver, você pode sair da sua rotina de regras.

Respostas Maiores ou Menores

Sua percepção do tamanho do desafio pode fazer parte do problema. Às vezes você acha que tem de transpor uma montanha, quando o que tem à frente na verdade não passa de um montinho de terra. Ponha a sua percepção à prova, mudando radicalmente o tamanho do problema.

E se a solução necessária fosse muito maior do que você espera? Em vez de procurar uma solução só para si, crie uma para o mundo inteiro. Resolva o problema para sempre. Quando o problema fica maior, fica também mais difícil, mas um esforço maior passa então a justificar-se. Por isso, se o seu problema é atravessar um riozinho, pense em construir uma ponte.

A Egghead Software usou a estratégia do problema maior para revolucionar a competitividade da empresa. Frustrada com a dificuldade de reduzir custos em suas muitas lojas de varejo, ela voltou a atenção para um problema muito mais difícil: como eliminar completamente as lojas de varejo e passar a vender direto para o consumidor. E esse problema maior teve uma solução muito mais satisfatória. A estratégia de fechar as lojas funcionou.

E se o seu problema fosse, na realidade, muito menor? Imagine que você só precisa resolvê-lo para uma única pessoa pelo período de uma hora, não mais do que isso. Os problemas menores são mais fáceis de resolver. Soluções que são impensáveis em grande escala tornam-se práticas quando aplicadas em pequena escala. Como disse a Madre Teresa de Calcutá, "Não podemos fazer grandes coisas, só pequenas coisas com um amor grande". Imagine que a sua campanha de propaganda só precisasse atingir uma única pessoa. O que você faria para influenciar essa pessoa?

Com a sua nova definição do problema, tente transpor os seus obstáculos mentais. Busque soluções para o seu novo desafio, que agora é muito maior ou menor do que era.

Mais Cedo ou Mais Tarde

Os prazos de entrega afetam profundamente os problemas. O desafio do mês que vem seria banal se só tivesse de ser vencido daqui a um ano, e o seu jeito de encarar o planejamento para o próximo trimestre mudaria radicalmente se ele tivesse de estar pronto amanhã.

Antecipe o prazo final da sua solução para uma data muito próxima, excessivamente próxima. Pense então em como você agiria. Entrar em pânico não vale. Se o problema se tornar impossível de resolver, não desista — embora a desistência seja uma solução possível. Pense muito bem no que você teria de fazer. Depois de decidir por um ou mais cursos de ação, aplique-os ao prazo real de que você dispõe. O que daria certo? E o que não daria?

Faça o mesmo processo com um prazo final adiado para uma data longínqua. O que mudaria se a solução só fosse necessária daqui a vinte anos? Como se modificaria a sua maneira de pensar? Pode ser que você encontre uma solução maravilhosa, mas que não se encaixa no prazo real de que você dispõe. Considere a hipótese de mudar o prazo. Pode ser que o prazo seja a regra que torna o problema impossível de resolver.

Se você está encontrando dificuldades para operacionalizar a fusão de duas empresas, como a Digital e a Compaq, imagine de que maneira o problema mudaria se você dispusesse de cinco anos para preparar a fusão. A quais divisões e quais produtos cada uma das empresas teria dado prioridade no decorrer dos anos para tornar a fusão a mais proveitosa possível?

Calamidades

Os incêndios florestais e as enchentes são calamidades naturais horríveis que deixam em seu rastro uma terrível destruição. São também dificílimas de conter. No mundo natural, várias espécies aprenderam a usar essas calamidades para o seu próprio benefício. Em vez de perecer, elas aproveitam. Os pinheiros tiram vantagem dos espaços abertos deixados pelos incêndios florestais. Na floresta, o espaço vital é cobiçadíssimo. Os vegetais recém-chegados têm uma enorme dificuldade para encontrar um lugar para si. O incêndio cria uma clareira que pode ser rapidamente preenchida por uma pinha bem preparada.

Aprenda com os pinheiros e as pinhas. Talvez você deva buscar como solução um meio de aproveitar o desastre que tem trabalhado para evitar.

Quando todas as suas obras forem ao chão, pense no que fazer com o espaço vazio. Por acaso há espaço para que você cresça? Já que você tem de começar do zero novamente, por que não melhorar o seu plano original? Veja os estragos como uma espécie de tábula rasa na qual você pode escrever o que quiser, uma oportunidade de aperfeiçoar seus planos originais.

O jovem Cristóvão Colombo aproveitou-se do fato de seu navio ter ido a pique nas proximidades do litoral português quando ele lutava contra os piratas. Colombo quase se afogou, mas, por sorte, foi levado para a praia e viu-se de mãos e bolsos vazios numa terra estrangeira. Foi uma das melhores coisas que lhe aconteceram. Sem outra escolha, teve de ir para Lisboa, onde casou-se com uma mulher de família poderosa e tornou-se um importante homem do mar. Foi em Lisboa, além disso, que tomou contato pela primeira vez com a idéia de chegar à Ásia pelo Ocidente, o que prova, aliás, que às vezes as nossas melhores idéias não são nossas.

As enchentes inundam regiões inteiras, mas também espalham nutrientes essenciais para a vida vegetativa. Para os vegetais, a lama que se acumula em toda parte é uma oportunidade. Elas tiram vantagem desse fertilizante natural para crescer e se multiplicar. Na China, na Mesopotâmia e no Egito, foram as enchentes que fizeram crescer as primeiras civilizações humanas. As calamidades, que ocorriam com regularidade, eram perfeitas para promover o progresso da agricultura.

Quando você estiver todo molhado e atolado, pense em como usar essa calamidade para crescer mais rápido. Será que você pode aperfeiçoar o seu uso do tempo ou a sua estratégia? O que você tem a aprender com essa experiência? Contemple a enchente como uma oportunidade para crescer e suplantar as adversidades. A mudança do modo pelo qual você vê a calamidade não só a deixa menos penosa como também a transforma numa oportunidade.

Novas Ferramentas

"Quando a única ferramenta de que você dispõe é um martelo,
todos os problemas começam a parecer-se com pregos."

— ABRAHAM MASLOW

Se você trocar as ferramentas que usa para resolver um problema, mudará também o seu modo de pensar a respeito. As ferramentas são fundamentais para a determinação das estratégias. Provavelmente, você tem usado umas poucas técnicas específicas para tentar resolver o problema. A dependência em relação a essas ferramentas está ocultando outras soluções interessantes. Se você se obrigar a usar uma ferramenta diferente, poderá abrir a mente para um sem-número de novas soluções.

O império islâmico expandiu-se a partir da Arábia usando uma notável ferramenta nova — a cobrança de impostos. As cidades abriam suas portas para os invasores porque sabiam que os impostos seriam reduzidos. A questão dos impostos foi igualmente eficaz para converter os súditos à nova fé. O Califa não obrigava seus súditos a ser muçulmanos, mas os adeptos do Islã pagavam impostos mais baixos. Milhões tornaram-se verdadeiros crentes. Nesta seção, você encontrará várias "ferramentas" que pode usar como idéias-semente. Praticamente qualquer coisa pode se transformar numa ferramenta. Por exemplo, o que você faria se só dispusesse de um lenço como ferramenta?

Cinco Soluções com Lenços

Os lenços podem ser ferramentas excelentes, não só para resolver problemas de higiene, desde que sejam usados criativamente. Eis cinco maneiras de usar um simples lenço para chegar a uma solução para problemas mais complexos.

Máscara

Dobre o lenço em dois na diagonal e amarre-o como uma máscara sobre o rosto. Protegido pelo disfarce, faça algo que precisa ser feito no anonimato. Muitas tarefas importantes simplesmente não são executadas porque ninguém quer assumir a responsabilidade ou a culpa. Se você encontrar uma maneira discreta de atacar o problema, a situação progredirá. Se você precisa, por exemplo, chamar a atenção para alguns pontos fracos do plano estratégico da firma de consultoria, faça-o anonimamente. Você não precisa usar o lenço, mas o anonimato pode lhe dar a liberdade de que você precisa para transpor alguns obstáculos.

Mordaça

Amordace a pessoa que tem desprezado as suas idéias. Depois, vá em frente e desenvolva a sua solução. Essa pessoa já não pode mandar você parar. Você não precisa usar a mordaça de verdade, mas pode ignorar o cético e seguir adiante. Se a sua filha adolescente está reclamando da viagem que vai afastá-la de suas amigas, imagine que ela está amordaçada e não pode dizer uma palavra. Planeje a viagem. Mesmo as mordaças imaginárias funcionam.

Coberta

Ponha o lenço sobre um objeto pequeno. Achegue-se a um amigo especialmente inteligente; diga-lhe que você encontrou a solução que desejava e que ela está debaixo do lenço. Você pode usar essa estratégia se for, por exemplo, o responsável pela melhoria dos serviços de uma companhia aérea. Explique o que esse objeto faz (o objeto debaixo do lenço), apresentando como atributos a sua definição da solução. Peça a seu amigo que adivinhe de que objeto se trata. Pode ser que ele responda "uma fonte de alimentação para um computador *laptop*" ou "uma bebida forte". Anote a resposta dele e tente usá-la como solução.

Bandeira Branca

Amarre o lencinho num pedaço de pau e, balançando-o lá no alto, encontre-se com uma pessoa com quem tem brigado ultimamente. Diga que você se rende, desde que as coisas melhorem e os não-combatentes sejam poupados. Proponha termos de rendição honrados, mas ponha fim ao conflito. Além disso, você pode usar a bandeira branca se estiver, por exemplo, tentando — sem conseguir — transmitir um determinado estado de espírito numa pintura. Balance a bandeira branca, renda-se e aceite o estado de espírito em que você realmente está.

Venda

Cubra os olhos com o lenço. De olhos vendados, dê ouvidos a uma proposta. Não pense em quem está fazendo a proposta, mas no que está sendo proposto. Use a venda — quer você a use realmente, quer não — para não se deixar desviar pelos preconceitos a respeito do criador da idéia. A venda é a ferramenta perfeita para falar, por exemplo, com um professor hostil. Esqueça-se de que você o odeia e ouça o que ele tem a dizer.

Ferramentas ao Acaso

Assim como um lenço pode ser usado para resolver vários problemas, há outras ferramentas novas que podem tirar você do seu conjunto habitual de regrinhas. Tente usar do modo mais criativo possível uma das ferramentas da Figura 6.5. Escolha a ferramenta correspondente ao último algarismo do seu número de telefone.

Último Algarismo	Nova Ferramenta
0	Lista telefônica ou Páginas Amarelas
1	Canivete
2	*Press Release* (comunicado à imprensa)
3	Cuspe e arame
4	Mudança de idéia
5	Invisibilidade
6	Cartaz publicitário
7	Cão esperto
8	Uma canção
9	Tia famosa

Figura 6.5: Ferramentas ao Acaso

Páginas Amarelas

Imagine que suas únicas ferramentas fossem as Páginas Amarelas e um telefone. A solução tem de ser encontrada na lista. Como você resolveria seu problema? Se estivesse brigando com o seu marido ou sua mulher, você ligaria para um conselheiro, um advogado ou uma floricultura?

Canivete

Os canivetes são ferramentas utilíssimas e já foram usados para resolver um sem-número de problemas. Como você usaria um canivete para criar uma solução para o seu problema? Se você não sabe, é porque não está usando a sua imaginação.

O canivete pode ajudá-lo, por exemplo, a escolher os executivos-chefes das divisões de uma empresa recém-adquirida. Pregue as fotografias dos candidatos num painel de cortiça e atire o canivete no painel. Escolha a pessoa em cuja foto você acertar. Depois, reflita e pense nas vantagens e desvantagens de escolher essa pessoa para o cargo. O canivete o ajudará, praticamente o obrigará, a tomar uma decisão.

Comunicado à Imprensa

Já se disse que a pena é mais poderosa que a espada. Imagine que o seu único recurso para resolver o problema fosse divulgar um comunicado à imprensa de duas páginas. Como você transformaria essa oportunidade numa solução? O que você diria? Para quem mandaria o comunicado? O que você gostaria que os seus leitores fizessem?

Imagine que você precisa de alguém para tomar conta do seu filho enquanto você vai ao teatro. O que diria o seu comunicado à imprensa para garantir que você obtenha uma pessoa bem-disposta e competente? Use as idéias que você teve para encontrar essa pessoa.

Cuspe e Arame

Em inglês, quando se fala de um conserto precário, diz-se que o conserto foi feito com cuspe e arame. Mas, se você só tivesse isso à sua disposição, o que faria para resolver seu problema?

Se o seu problema consiste em levantar fundos para a aquisição de uma nova máquina de tomografia para o hospital, você pode construir, no saguão da instituição, uma máquina feita de arame. Lembre os interessados que só as doações deles poderão substituir a versão de arame por uma de verdade.

Mudança de Idéia

Que tipo de solução você buscaria se pudesse fazer uma única pessoa mudar de idéia? Que pessoa escolheria? Como a faria mudar de opinião? Então vá e convença essa pessoa!

A mudança de idéia pode ajudar a resolver problemas de todo tipo. Mesmo que você esteja desenvolvendo uma nova vacina contra a gripe, há alguém que pode apressar o seu trabalho. Talvez seja uma pessoa dotada de uma capacidade especial ou que controla um grande laboratório. Identifique essa pessoa. Como você a faria mudar de idéia para lhe dar a ajuda de que precisa?

Invisibilidade

Que eu saiba, é impossível alguém ficar fisicamente invisível. Porém, se isso fosse possível, como você usaria a invisibilidade para resolver seu problema?

Talvez você queira escrever uma apaixonada canção de amor e não esteja conseguindo. Se fosse invisível, onde você iria para conseguir a matéria-prima de que precisa para escrever sua canção? Que tipo de emoções você procuraria? Imagine o que você encontraria e use essas emoções para a sua canção.

Cartaz Publicitário

E se a única ferramenta à sua disposição fosse um grande cartaz publicitário, um *outdoor* no qual você pudesse afixar a mensagem que desejasse? O que você diria/ Onde o colocaria?

Se estivesse levantando capital para um novo empreendimento, poderia colocar no cartaz os três pontos principais do seu plano de negócios junto com o número do seu telefone. Mesmo que você não use o cartaz, use a mensagem concisa que desenvolver.

Cão Esperto

Você seria capaz de bolar uma solução para o seu problema se a sua única ferramenta fosse um cão? É claro que tem de ser um cão muito esperto, como a Lassie, e que consiga fazer tudo o que você mandar, dentro das capacidades de um cão. Porém, o seu único curso de ação é algo que o cão pode fazer. O que você o mandaria fazer? Como resolveria o problema se o cão não fosse tão esperto?

Imagine que você queira conhecer uma moça que mora no mesmo prédio que você. O que você mandaria o cão levar a ela para iniciar uma conversa? Como você poderia fazer a mesma coisa sem o cão?

Canção

E se a sua solução fosse uma canção? Imagine que tudo o que você pode fazer é compor uma canção excelente. Todos a ouvirão e gostarão dela. Que mensagem você transmitiria por meio dela para solucionar o seu problema-alvo?

Suponhamos que a sua canção tenha de aliviar um difícil processo de reorganização de equipe. Qual a canção que lhe garantiria o apoio de que você precisa — "Fifty Ways to Leave Your Lover" ou "Happy Days Are Here Again"? Que sentimento a canção deve passar para os membros da sua equipe? O refrão levará em si a mensagem principal, que você quer que todos lembrem. Transmita agora essa mensagem sem a canção.

Tia Famosa

Como você resolveria seu problema se sua única ferramenta fosse uma tia famosa? Todos os que são "alguém" a conhecem e a adoram. Ela gosta muito de você, mas não gosta de lhe dar dinheiro, para obrigá-lo a aprender a se virar sozinho.

Como você resolveria seu problema usando uma tia famosa? Ela pode, por exemplo, apresentar você a alguém que pode lhe ajudar diretamente. Quem é essa pessoa? Pense agora no que você precisa fazer para conhecer essa pessoa sem a ajuda de uma tia famosa.

Pena Mágica

A pena mágica é uma ferramenta interessante. Embora quase não mude a realidade de uma situação, pode ter um efeito enorme. Dumbo, o elefantinho orelhudo, conseguiu voar depois que uns corvos amigos lhe deram uma pena "mágica" para ajudá-lo a sair do chão. A pena não aumentou em um átomo a capacidade de voar de Dumbo, mas deu grande impulso à sua confiança. Como acreditava que conseguiria voar, ele conseguiu.

Para resolver certos problemas difíceis, é preciso ter uma pena mágica. É difícil fazer algo que você considera impossível. Só depois de estar convicto de que vai conseguir é que você vai se empenhar com força e perseverança.

A pena mágica pode ser qualquer coisa que lhe dê confiança. Pode ser um diploma ou um cartão de platina. Um sinal de reconhecimento público de suas capacidades ou uma lembrança pessoal de um triunfo do passado funcionam bem. O que lhe daria a confiança de que você precisa para fazer o impossível? A empresa de um amigo progrediu de modo espantoso depois que ele comprou um terno de alfaiate, alugou um escritório e mandou fazer sofisticados cartões de visita. Sentindo-se como um empresário, ele logo passou a ser um empresário de fato.

Para descobrir o que pode funcionar como uma pena mágica para você, pense em alguém que alcançou o sucesso que você está buscando. Essa pessoa será o seu modelo. Escreva o nome dela no alto de uma folha de papel. Depois faça uma lista de todos os atributos positivos dela, tangíveis e intangíveis, que você conseguir identificar. Na lista pode constar que o seu modelo é paciente, por exemplo, ou que dirige um conversível vermelho.

Examine a lista e escolha um atributo que fará com que você se sinta mais semelhante ao seu modelo. Deve ser algo que você quer muito adquirir ou desenvolver. Compre esse algo, estimule essa qualidade em você, finja — faça o que for necessário. O simples fato de ter uma pena mágica aumentará em muito a sua confiança e a sua eficiência.

Palavras Novas

Pode ser que as palavras referentes à sua solução ainda não existam. Nesse caso, você está sendo confundido por um vocabulário que não descreve a situação que você quer. Use palavras novas para descrever a idéia nova que você vai criar.

Para inventar o seu novo vocabulário, substitua os termos mais gerais que você tem usado para descrever a sua oportunidade ou problema por palavras da sua própria criação. Inclua entre elas uma palavra que represente a solução desejada. Essas palavras ocupam, por enquanto, o lugar das idéias que você vai ter.

Os físicos estão acostumados a inventar partículas — os quarks, por exemplo — para resolver seus problemas. Os quarks vieram atender a uma necessidade teórica antes que se tivesse qualquer prova da sua existência. Uma vez definida a solução, os quarks foram descobertos.

Use palavras novas para falar e pensar sobre o seu desafio. À medida que você as for usando, vai descobrir o significado delas. As palavras novas têm liberdade absoluta de se deixar moldar pela sua solução — não têm outra definição que possa chamar a sua atenção.

Se você precisa desenvolver um novo elemento do cardápio para competir contra a *pizza* de um concorrente, por exemplo, pode chamar esse novo item de Zalt. Se chamasse o projeto de Super Taco, sua mente já estaria 99 por cento direcionada. Explique a um colega o que é o Zalt, o quanto custa, que gosto tem e como deve ser preparado. Descubra o que é necessário para resolver o seu problema.

Se você quiser, use algumas dentre as palavras seguintes como base do seu novo vocabulário.

Chure	Cado	Mita
Salgo	Belope	Desi
Bara	Gramalo	Fengue
Jeri	Traxine	Zalt

Palavras Diferentes

Palavras como tufão, cruzada ou peste podem acrescentar imagens e emoções poderosas a idéias que você está apenas começando a desenvolver. Tente aplicá-las ao seu problema. Você pode usar qualquer palavra que normalmente não tenha nada que ver com o problema.

Tomemos como exemplo a expressão *perda de participação no mercado*, que você usa repetidamente ao falar sobre o seu problema. Substitua-a por verbos e substantivos mais fortes e que não tenham relação com o assunto, como "pandemia" ou "desintegração". Veja como o simples ato de falar "desintegração" pode mudar o modo pelo qual você pensa sobre a gravidade do problema.

Novos Símbolos

Einstein usava a poderosa linguagem da matemática para resolver seus problemas. Nós podemos usar a mesma estratégia, especialmente para problemas que não nos parecem matemáticos. A invenção de símbolos para representar um problema nos fornece um novo e útil ponto de vista. Talvez seja isso que você precisa para sair das suas regras habituais.

Se você está preocupado com as companhias do seu filho, atribua um símbolo a cada uma das crianças do bairro. Depois, escreva equações que mostrem quem se dá bem com quem. Busque uma solução pela manipulação das equações. Talvez você nunca tenha pensado em $s + e - b$.

Crie símbolos para representar os elementos do seu problema. Represente as pessoas envolvidas, as circunstâncias físicas, as emoções. Crie operações novas e exclusivas que permitam que os símbolos interajam. Vá além da soma e da subtração. Brinque com os símbolos para descrever seu problema e procurar uma solução. Você não está tentando criar um novo ramo da matemática. Use os símbolos para conhecer mais a fundo a visão que você tem a respeito do problema.

Acaso os seus cálculos lhe inspiram novas idéias? Como você resolveria simbolicamente o seu problema? Quais as variáveis ausentes que poderiam fazê-lo funcionar? Expresse uma solução útil. Obrigue-se a olhar o problema de maneira nova.

Novas Condições

"A necessidade, que é a mãe da invenção."

— PLATÃO

As condições que envolvem um problema são uma parte essencial do problema. Elas incluem, entre outras coisas, os parâmetros fundamentais, os papéis ou funções e as atitudes das pessoas. Se você mudar essas coisas, sua percepção dos problemas e soluções também mudará, o que o ajudará a transgredir as regras. A Espanha era a maior potência marítima do século XVI. Suas numerosas frotas de navios grandes a tornavam invencível. Mas as condições estavam mudando. Novos navios, pequenos e rápidos, e canhões de maior alcance estavam tornando obsoleta a frota espanhola. Alguns capitães ingleses perceberam os ventos da mudança e, pensando segundo os novos parâmetros, fizeram com que a balança do poder naval pendesse em favor da Inglaterra. A supremacia inglesa nos mares durou três séculos.

Parâmetros

Os problemas dependem de certos parâmetros — os fatos que estão por trás dos pressupostos fundamentais. Estamos acostumados a considerar os parâmetros como constantes, mas a verdade é que eles mudam com freqüência e de modo drástico. Quando isso acontece, o conjunto de soluções possíveis muda junto com eles. O vôo de aparelhos mais pesados que o ar era impossível em 1803; já em 1903, os parâmetros tinham mudado. Já se dispunha de motores leves e de potência suficiente. A eficiência de queima do combustível aumentara. Os materiais e ferramentas já eram melhores. O vôo tornara-se uma solução viável. Hoje em dia, os parâmetros mudam com uma rapidez nunca antes vista.

Imagine como o seu problema mudaria se um dos parâmetros fundamentais sofresse uma mudança drástica. Escolha um dos parâmetros do seu problema e altere-o aleatoriamente, de um dos modos apresentados na Figura 6.6. Use a direção para a qual você se desloca para ir ao trabalho, ou o resultado do lançar de um dado, para determinar a mudança. Se você tirar um ou se desloca para o norte, dobre o preço de um dos parâmetros importantes do seu problema.

Visualize o seu problema num mundo em que os parâmetros tenham mudado. O problema ainda existiria? Você ainda batalharia em busca de uma solução? De que modo mudaria a sua atitude em relação à solução? Quais soluções novas estariam à sua disposição? Use essa realidade modificada para explorar novas idéias que antes não lhe pareciam praticáveis.

Dobre o Preço

Os preços são um aspecto importante da maioria dos problemas. Imagine que um preço importante para a solução do seu problema simplesmente dobrou. Isso acontece com freqüência. Dobre os impostos a pagar, as rendas a receber, os custos trabalhistas. Depois, tente bolar uma nova solução que atenda às novas condições. Toda vez que o preço do petróleo subiu, por exemplo, novos campos de extração surgiram. O petróleo do Ártico e a perfuração em águas profundas só se tornaram soluções viáveis porque os preços subiram.

Dado	Direção do seu Emprego	Mudança de Parâmetro
1	Norte	Dobre o Preço
2	Sul	De Graça
3	Para Cima	Dez Vezes a Recompensa
4	Leste	Mude de Lado
5	Oeste	Castigo Zero
6	Para Baixo	Elimine um Obstáculo

Figura 6.6: Parâmetros

De Graça

Em vez de dobrar o preço, imagine que o parâmetro não custa nada. "Nada" representa também um custo insignificante. Uma surpreendente quantidade de custos tornou-se insignificante. O dos computadores e o das telecomunicações caíram a um patamar que, há vinte anos, seria considerado praticamente "de graça". O que aconteceria se o seu parâmetro não custasse nada? Como você pode fazer isso acontecer?

Dez Vezes a Recompensa

As recompensas ou prêmios são condições importantes de qualquer situação. Para definir o problema, você explicitou quais eram as "cenouras" que receberia uma vez implementada a solução. Imagine que a sua recompensa foi decuplicada. Se você precisa aumentar em 25 por cento as vendas em sua região, seria capaz de fazer isso se o seu prêmio fosse o de se aposentar com uma renda excelente no fim deste ano? Certas opções, rejeitadas a princípio, tornam-se repentinamente possíveis. Aumente a recompensa pela solução e veja quais soluções você cria.

Mude de Lado

Imagine que a situação continua exatamente a mesma, mas você mudou de lado. Tem agora os pontos fortes e os pontos fracos do seu concorrente e está trabalhando para ganhar de si mesmo. Considere a sua situação nessas novas circunstâncias. O que você faria?

Se o seu problema é impedir que uma companhia telefônica rival entre no mercado, imagine o que você faria para entrar no mercado. Que estratégia adotaria? Que medidas tomaria? Pois bem, são essas estratégias e medidas que você tem de combater.

Castigo Zero

Os castigos ou penalidades e o medo do fracasso são condições fundamentais de qualquer situação. Impedem, muitas vezes para o seu próprio bem, que você tome uma série de medidas. Porém, os castigos não devem ser obstáculos ao seu pensamento. Imagine que as conseqüências adversas serão nulas. Vale tudo. Como você resolveria seu problema?

Se o seu problema é o de desenvolver um novo estilo artístico, imagine que suas tentativas experimentais não serão criticadas de modo algum. Seus amigos não vão dar risada; seu *marchand* não vai reconsiderar o contrato; não haverá repercussões. Em que isso mudaria a sua disposição de arriscar?

Elimine um Obstáculo

Muitas vezes, um ponto periférico do problema — como o peso da burocracia ou a falta de um consenso — basta para excluir uma solução possível. Porém, se esse pequeno obstáculo fosse eliminado, de que modo você criaria a solução?

Imagine que você está buscando uma cura para o câncer e não sofre limitações financeiras nem os constrangimentos impostos pela legislação. Você pode seguir pelo caminho que achar melhor. O que você faria nesse caso? Por que está fazendo uma coisa diferente? Como levar adiante essa estratégia dentro das limitações existentes?

Realidades Alternativas

Em vez de mudar os detalhes básicos do problema que está tentando resolver, mude o resto do mundo. Imagine-se resolvendo o seu problema num ambiente completamente diferente. Se transpuser o problema a outro século, você terá todo um novo desafio para estimular a sua criatividade. Senão, ponha num roteiro de filme ou história em quadrinhos toda a situação que envolve o seu problema. As circunstâncias e opções vão mudar drasticamente, mas os temas fundamentais permanecerão os mesmos. Talvez fique mais fácil contemplar uma solução nessa realidade alternativa.

Para mudar a realidade do seu problema, escolha uma situação. Jogando os dados ou baseando-se na hora em que se levantou da cama no sábado passado, escolha uma da lista da Figura 6.7. Se tirar seis ou se você se levantou às sete e meia da manhã, transfira o seu problema para o Egito de Cleópatra. Você é Cleópatra. Se o seu problema consiste em levantar o dinheiro e o tempo necessários para fazer uma viagem à Europa, a viagem pode ser comparada ao domínio absoluto sobre o Mediterrâneo oriental; seu chefe poder fazer o papel de César; e seu marido (ou mulher), o de Marco Antônio. Como Cleópatra resolveria esse problema? Quais os aspectos da solução dela que você mesmo pode usar?

Se você não dormiu na sexta-feira passada porque estava se preparando para uma audiência num difícil processo de mudança de zoneamento urbano, ou se tirou dois nos dados, imagine que você e seus adversários vão a um rodízio para fazer uma competição diferente: ver quem come mais. O que você vai fazer para ganhar? Comer como um doido logo de saída ou esperar para ver o quanto eles agüentam? Vai comer torta de creme ou salgadinhos? O que você pode aprender com a sua estratégia nessa "luta alimentar" a fim de preparar-se para a audiência?

Escolha uma hipótese e veja se uma realidade alternativa pode ajudar você a resolver o problema.

Dados	Hora em que Você Acordou Sábado Passado	Realidade Alternativa
2	Não dormiu	Quem Come Mais
3	Antes das 4 da manhã	Romeu e Julieta
4	Das 4 às 6 da manhã	Roma do Século I
5	Das 6 às 7 da manhã	Guerra nas Estrelas
6	Das 7 às 8 da manhã	Cleópatra
7	Das 8 às 9 da manhã	Joana d'Arc
8	Das 9 às 10 da manhã	França do Século XVIII
9	Das 10 da manhã ao meio-dia	Branca de Neve
10	Do meio-dia em diante	1968 na sua Cidade Natal
11	Não sei	Japão do Século XVII
12	Nunca sei	Jardim-de-infância

Figura 6.7: Realidades Alternativas

Divirta-se

Sempre há algo que a gente não gosta de fazer, e são essas as tarefas que normalmente não são cumpridas. Pode ser que a sua atitude precisa mudar para que se torne possível encontrar uma solução para o seu problema. As coisas divertidas acontecem. Eis alguns meios para tornar a solução mais divertida.

Festa de Trabalho

A estratégia da festa de trabalho ou do "mutirão" é um jeito muito antigo de tornar o trabalho uma coisa divertida. Se você quiser desenvolver um novo projeto de fundo comum, convide alguns amigos para uma festa. Em geral, basta oferecer bebidas e um pouco de música, mas você também pode mandar fazer camisetas para todos e inventar uma pintura de guerra. Explique-lhes que o objetivo da festa é o de despertar a criatividade de todos para fazer um fundo comum. Exponha as idéias em cartazes afixados nas paredes da sala. No decorrer da festa, promova um "desfile de idéias" e peça a todos que votem na idéia mais original.

Organize as tarefas de modo que possam ser levadas a cabo numa única festa. Será mais difícil obter idéias originais numa festa posterior. Procure, além disso, resolver alguns dos primeiros obstáculos à execução das idéias. Trate, durante a festa, dos problemas mais evidentes que podem surgir. Será muito mais fácil resolver as objeções quando todos estiverem contentes e desinibidos.

Recompensa Palpável

Compre algo que você sempre quis ter, embrulhe-o para presente e peça a um amigo que guarde o presente para você até que a tarefa esteja terminada. Se você é fanático por tênis e o seu problema é o de encontrar uma justificativa convincente para pedir uma bolsa, compre para si a raquete dos seus sonhos. Dê a raquete a um amigo, que de preferência também jogue tênis. Para aumentar o incentivo, diga-lhe que ele pode ficar com a raquete se você não redigir a sua proposta a tempo. Encontre uma justificativa convincente e ganhe sua raquete.

Competição

A competição deixa tudo mais interessante. As pessoas fazem coisas extraordinárias quando competem entre si. Para vencer, suportam meses e meses de sofrimento, arriscam a vida e gastam quantias enormes. Aproveite, portanto, esse impulso competitivo. Convide um amigo para um desafio que tenha a ver com o seu problema. Veja qual dos dois é capaz de terminar mais rápido, encontrar a melhor solução ou a solução mais elegante.

Se o seu problema consiste em criar um novo produto, encontre um amigo que também tenha de criar um produto. Aposte que você vai desenvolver o seu mais rápido que o dele (cada qual em relação à data prevista de lançamento, é claro). Convide os amigos e familiares a torcer por um ou pelo outro. Telefone regularmente para o seu amigo para saber em que ritmo ele está indo e motivar-se a trabalhar mais. A motivação é um elemento fundamental das soluções criativas. Muna-se de bastante motivação.

Ou senão invente um jogo para competir contra você mesmo. Você vai ganhar pontos pelo progresso que fizer: atribua-se um ponto, por exemplo, para cada campo preenchido do formulário de declaração de renda. Crie também a possibilidade de fracassar, tirando um ponto a cada erro cometido. E jogue para ganhar!

Registre o seu Triunfo

Use uma máquina fotográfica ou câmera de vídeo para registrar o seu triunfo. Uma vez que você está registrando o seu triunfo para a posteridade, exiba-se um pouco. Se o seu problema é fazer com que o seu filho termine as lições de casa, tire uma foto dele segurando nas mãos os trabalhos terminados como se fossem grandes peixes. Cole as fotos na parede, mande-as para os parentes. Quando o triunfo é registrado, ele fica mais gostoso e faz com que seu filho se lembre por mais tempo do êxito que obteve.

Compre o Troféu

Compre um grande troféu ou uma placa para marcar o seu triunfo. Se você está querendo obter um concorrido emprego, por exemplo, mande fazer um troféu de honra ao mérito por sua realização. Compre o troféu antes de arranjar o emprego. Isso será para você um poderoso incentivo, pois com que cara você vai ficar se não conseguir o emprego? Fará praticamente qualquer coisa para obter o emprego e o troféu.

Convoque uma Torcida

Encontre uma torcida que o estimule a alcançar a vitória. Jogue em casa. Se estiver tentando terminar de preencher o formulário da declaração de renda, recrute a família e os amigos para lhe darem apoio moral. Peça que, de hora em hora, eles verifiquem o seu progresso. Quando você avançar, peça aplausos. Quando terminar, dê uma volta olímpica em torno da casa. Você verá que, na frente dos seus fãs, será impossível adiar o trabalho.

Lugar, Lugar, Lugar

Encontre um bom lugar para resolver seu problema. Os organizadores de convenções aborrecidas conhecem muito bem este tipo de motivação. É por isso que tantas reuniões são feitas no Havaí. Você (e seus auxiliares) vão se animar com a tarefa que têm nas mãos se puderem realizá-la num lugar divertido. Se o seu problema consiste em fazer uma reunião difícil com vários colegas, marque a reunião num hotel no centro da cidade. Prometa a todos que, depois da reunião, vocês sairão para uma noitada. Se o problema for maior, considere a hipótese de passar uma semana num hotel-fazenda, por exemplo. A localização deve fazer parte da sua motivação.

Torne o Trabalho Desejável

Tom Sawyer convenceu seus amigos a pintar a cerca — e a pagar por esse privilégio — porque fez com que a tarefa parecesse desejável. Como tornar o problema interessante o suficiente para que alguém queira ajudá-lo com a solução? Um dos melhores métodos consiste em dar carta branca à pessoa que vai criar a solução para você. Se você quer desenvolver um novo conceito de embalagem, ofereça o serviço a uma classe de estudantes de desenho industrial, dando-lhes completa liberdade para trabalhar. Encoraje-os a transgredir as regras. A liberdade para criar é uma poderosa motivação. Use-a para obter a ajuda de que precisa.

Novas Estratégias

"Tentamos fazer com que os planos sejam adequados às circunstâncias."

— GEORGE PATTON

Certas estratégias ligam-se tão de perto ao problema que parece impossível separar as duas coisas. Nesse caso, pode ser que o problema esteja na própria estratégia. Considere a hipótese de adotar uma estratégia completamente nova, escolhida ao acaso. Veja se ela vai funcionar para resolver o seu problema. Eis alguns exercícios diferentes para mudar as estratégias.

Pôquer

As boas estratégias de pôquer também encontram aplicações fora dos jogos de cartas. Tire uma carta ao acaso de um baralho ou visualize uma carta. Escolha então uma nova estratégia com base no naipe da carta — copas, espadas, ouros ou paus.

Copas

É hora de blefar. Faça uma lista de tudo o que é necessário para deixar você numa posição forte. Depois, aja como se você dispusesse de tudo o que consta da lista. Lide com os outros a partir dessa posição de poder.

Se o seu problema consiste em convencer seus filhos a comer alimentos mais saudáveis, determine o que lhe é necessário para que você fique numa posição inexpugnável. Talvez, se não houvesse alimentos de má qualidade na casa e seus filhos não tivessem dinheiro, eles teriam de comer alimentos saudáveis. Discuta o problema com seus filhos, pondo em uso essa opção. É certo que você está blefando, mas não deixe de pôr em prática os itens que constam da lista. Livre-se dos alimentos de má qualidade, pois você não pode blefar para sempre.

Espadas

É preciso aumentar a aposta para encontrar uma solução. Intensifique o seu compromisso com o sucesso. Se você não tiver muito a ganhar com a solução, não vai se esforçar o suficiente. Crie novos incentivos para tornar a solução ainda mais importante. A jactância e as apostas podem ser fatores poderosos de motivação pessoal. Se o seu problema consiste em interligar eletronicamente dois escritórios, divulgue a todos a data em que o serviço estará terminado. Aposte com seu chefe que você será capaz de terminar a tempo. Melhor ainda, aumente os incentivos para todas as pessoas que estiverem trabalhando com você. Obtenha do chefe um bônus para a equipe se a tarefa estiver terminada no prazo. Faça com que a vitória seja essencial, tanto para você quanto para a sua equipe.

Ouros

Saia do jogo. Reconheça que, embora você talvez conseguisse ganhar se empenhasse tempo, dinheiro e energia suficientes para resolver o problema, a vitória talvez não valesse a pena. Lembre-se de que as atividades que nos dão mais satisfação constituem, em geral, só uma pequena parte do nosso campo total de atividades. Retire-se das mãos perdedoras e invista o seu tempo e a sua energia nas vencedoras.

Se o seu problema consiste em aumentar em 50 por cento as vendas de uma linha de alimentos congelados para conseguir empatar com o dinheiro que você investe, talvez seja melhor sair do jogo. Ponha fim a essa linha de produtos e invista a sua energia e o seu dinheiro em outro lugar. Há muitos problemas que não valem a pena ser resolvidos. Talvez o seu seja um desses.

Paus

É hora de tirar cartas novas para a sua mão. Das habilidades, estratégias ou planos que você tem na mão, determine quais devem ser descartados; e substitua-os por novos. Se a sua situação estiver ruim, livre-se de pelo menos a metade. Não será fácil trocar o conhecido pelo desconhecido, mas a situação é favorável a uma mudança. Vá em frente.

Se você é dentista e está tentando aumentar o quanto ganha dos convênios de saúde aos quais é filiado, pense na hipótese de trocar algumas cartas. Cancele os planos que não lhe pagam o suficiente. Não será possível transformá-los numa mão vencedora. Concentre suas energias em reconstruir sua clientela a partir de planos que compensem de modo digno os seus serviços.

Insetos

Os insetos são capazes de resolver muitos problemas de modo genial. Não só as estratégias deles são diferentes das estratégias humanas como também as estratégias de uma espécie de inseto são totalmente diferentes das de outras espécies. Tome emprestada uma estratégia dessas. Imite a estratégia do último inseto que você viu.

Mosca

Você se lembra da última mosca que você viu? Ela voava de um lado para o outro, formando no ar desenhos aleatórios. Voava bem rápido e cobria um largo território até encontrar algo de interessante. Precipitava-se então repetidas vezes sobre o objeto de sua escolha. Se você a enxotasse, ela se afastava na hora para depois voltar.

Pense e aja como uma mosca. Tente "aleatorizar" a sua busca de novas oportunidades. Bata as asas e voeje um pouco pelo mundo em geral. Voe rápido, investigando tudo o que pode ter algum interesse. Contorne os obstáculos, experimentando vários ângulos de ataque. Não desista facilmente. Leve suas investigações para bem longe do seu campo habitual de ação. No mínimo, você vai ganhar uma consciência maior do ponto onde se encontra agora.

Se o último inseto que você viu foi uma mosca e o seu problema consiste em fechar o difícil negócio de aquisição de uma empresa, quais são as estratégias de mosca que você pode adotar? Talvez possa avaliar rapidamente um bom número de negócios alternativos. Determine o que você faria se o atual negócio desse errado. Mesmo que você continue querendo comprar a mesma empresa, suas explorações lhe terão fornecido preciosas idéias sobre o valor da aquisição e a estratégia do negócio.

Aranha

As aranhas, em sua maioria, são muito diferentes das moscas. Constroem teias para capturar a próxima refeição que passar por ali. As teias são cuidadosamente situadas, meticulosamente construídas. Então, depois de terminados todos os preparativos, a aranha senta-se e espera.

Tente pensar como uma aranha. Faça uma previsão das oportunidades que vão aparecer no seu caminho. Prepare-se cuidadosamente para que, quando a grande oportunidade surgir, você seja capaz de agarrá-la e aproveitá-la. Descubra onde você deve estar. Lance sua rede. Divulgue seus interesses para as pessoas certas. Peça aos amigos que fiquem de olho nas oportunidades que se apresentarem. Esteja pronto para fazer um movimento decisivo. É a preparação que cria as oportunidades. Um currículo pronto, um financiamento garantido ou o equipamento correto podem impedir que a oportunidade escape.

Se o seu problema é a mesma aquisição, mas o último inseto que você viu é uma aranha, pense no que você pode fazer para estar mais bem preparado para uma aquisição da próxima vez. Melhore os seus recursos financeiros. Nomeie pessoas importantes para uma equipe especial. Dentro da sua própria empresa, trabalhe para obter um consenso quanto às empresas candidatas e às estratégias de aquisição. Agora que você já está mais bem preparado, tudo o que tem de fazer é esperar pela oportunidade. Pode até ser que, dessa vez, você capture o seu alvo original.

Formiga

A formiga, por si só, não é uma criatura muito especial. Porém, ela nunca está sozinha. As formigas vivem em grupos grandes e poderosos. Sua presença se faz sentir pelo simples peso dos números, e elas conseguem até destruir áreas inteiras de floresta tropical.

Pense como uma formiga. Sozinho, você não vai conseguir nada. Precisa de todo um exército de ajudantes que se esforcem para alcançar o mesmo objetivo. Pense nos modos pelos quais o fato de você atingir o objetivo pode beneficiar os outros. As pessoas que fazem parte da sua empresa, classe profissional, bairro ou família querem muitas coisas que você também quer. Vocês deviam estar trabalhando juntos.

Faça uma lista das pessoas ou grupos que ganhariam algo se você atingisse seus objetivos. Pense no que fazer para motivá-los a ajudá-lo.

Suponhamos que você ainda precise fechar o negócio da aquisição e que o último inseto que você viu era uma formiga. Pensando como uma formiga, você procuraria ajudantes para realizar a aquisição. Quem poderia querer aquelas partes da empresa a ser adquirida que você mesmo não precisa? Quem, dentro da companhia a ser adquirida, pode estar do seu lado? Junte todas as pessoas que poderiam tirar algum proveito do negócio para fazê-lo acontecer.

Os Sete Anões

Os sete anões, aqueles que andavam com a Branca de Neve, tinham cada qual a sua própria estratégia de vida. Vou apresentar agora sete estratégias de resolução de problemas, uma para cada anão. Use a estratégia correspondente ao seu anão predileto, ou ao anão que mais se parece com o seu chefe. Decida por um anão antes de ler as estratégias, ou senão você vai escolher um anão que não o obrigue a transgredir as regras.

Para exemplificar de que modo cada anão pode fornecer uma estratégia de sucesso, imagine que, para ir para o trabalho, você sofre como o diabo. O simples ato de deslocar-se de casa até o trabalho está drenando toda a sua energia e o faz perder aquelas horas do dia em que sua produtividade seria maior. Seu primeiro objetivo é melhorar essa situação.

Atchim

É difícil resolver um problema quando você o guarda para si. Dê vazão às suas frustrações. Ponha as cartas na mesa. Comece por conversar com um gravador e/ou com um ouvinte amigo. Fale sobre o problema. Não relute em ficar emocionado ou esquentado. Aliás, você tem de "esquentar" um pouco para pôr tudo para fora. Depois, você pode pôr por escrito as coisas que disse. Agrupe os fatos, suas previsões e suas emoções numa outra folha de papel. Bole um curso de ação que tenha a ver com essa lista.

Se você for usar uma estratégia "Atchim" para resolver seu problema de transporte, comece por dizer às claras suas frustrações para algumas das principais pessoas envolvidas, como seu chefe e seu marido ou sua mulher. Pode ser que eles não tenham percebido a gravidade do problema. O mais importante é que, à medida que você for falando, as questões que realmente o incomodam no processo de ir de casa para o trabalho ficarão mais claras, bem como os elementos de uma possível solução. Quer se trate de trabalhar num horário diferente para evitar o trânsito da hora do *rush*, de mudar de casa, de encontrar um outro emprego ou de trabalhar em casa, haverá uma solução adequada às suas necessidades. Quando o problema estiver claro, você fará acontecer a solução.

Feliz

Pouca gente é capaz de realizar coisas que não acredita serem possíveis, mas praticamente qualquer pessoa pode fazer algo em que acredita. Seja otimista. Trabalhe para convencer-se de que você é capaz de fazer algo, e você será.

Eis uma estratégia "Feliz" para o problema de chegar de casa ao trabalho: torne tão gostoso quanto possível o tempo que você passa no carro. Aproveite o tempo para ouvir os seus livros favoritos gravados em fita ou para aprender uma língua estrangeira. Prepare-se para cada viagem. Talvez você goste mais da viagem se demorar um pouco mais e dirigir com calma, ou se trabalhar agressivamente para chegar mais rápido. Utilize a estratégia que deixa você mais feliz.

Soneca

Seu dificílimo problema vai parecer muito mais administrável depois de um período de descanso e relaxamento. Pense nele e tire uma soneca. Divirta-se. Dê ao seu inconsciente um certo tempo para refletir. Recupere a sua energia. O fato de você estar relaxando não significa que sua mente não esteja trabalhando.

A estratégia "Soneca" para lidar com o problema do transporte seria a de tirar uns dias de folga e simplesmente não ir para o trabalho. Saiba exatamente o que aquele trânsito o impede de ter. Quando você estiver perfeitamente descansado e relaxado, pergunte-se se vale a pena aturar aquilo todos os dias. Se não valer, faça algo para mudar. Se valer, aproveite ao máximo a situação pela qual você mesmo optou.

Dunga

A ignorância nem sempre é uma coisa ruim. Se você não sabe que algo é impossível, pode até conseguir realizá-lo. Dunga envidaria todos os seus esforços para realizar o impossível. Finja que o impossível é possível. Trabalhe para resolver o seu problema como se os principais obstáculos simplesmente não existissem.

Usando uma estratégia "Dunga" para resolver o seu problema, você poderia ignorar, como quem não quer nada, o seu horário de trabalho. Simplesmente vá trabalhar quando o trânsito estiver bom, ou trabalhe menos horas para compensar o tempo perdido no trânsito. Não me diga que isso não é permitido. Afinal, você não sabia de nada.

Mestre

Ninguém sabe tudo. Procure o conselho de um especialista. O fato de expor a sua situação a outra pessoa o fará compreender melhor o problema. Não é necessário que a pessoa compreenda o seu problema específico, mas simplesmente que saiba uma ou duas coisas.

O especialista abalizado para lhe dar conselhos sobre o problema pode ser alguém que reformulou a própria vida para não ter de ir de casa para o trabalho. Pergunte-lhe o que ele fez e se o esforço valeu a pena.

Zangado

As soluções pessimistas são as mais resistentes, pois os pessimistas pensam em tudo o que pode dar errado. Não se contentam com garantias fáceis. Pense como o Zangado. Pense no que mais poderia dar errado em sua vida atual. Como você lidaria com outras dificuldades, se surgissem? Como minimizar as possibilidades de uma catástrofe?

A pessoa zangada que tem problemas para chegar de casa ao trabalho pensa que, como é certo que vai ser despedida de qualquer modo, o melhor é sair agora e encontrar um emprego mais perto de casa. Ou senão, desespera de encontrar um bom emprego naquela região e se muda para perto do trabalho. De uma maneira ou de outra, reduz o sofrimento das inevitáveis quebras e congestionamentos.

Dengoso

Você precisa de uma solução tímida, que só dependa de você. Não fique à espera de que os outros tomem uma decisão ou executem uma ação. Pode ser que a sua solução não seja uma prioridade para eles. Pense no que fazer para resolver o problema pela sua própria autoridade e iniciativa.

A solução dengosa para o seu problema de transporte seria a de começar, por conta própria, a trabalhar em casa, sem dar satisfação a ninguém. Sua família não precisa mudar de casa e ninguém pode reclamar sobre quanto tempo você trabalha. Você simplesmente faz isso e acaba com o sofrimento de ter de ir e voltar do trabalho todos os dias.

O Filho de Segunda-Feira

O filho de segunda-feira é belo de rosto,
O de terça-feira é cheio de elegância,
O de quarta-feira é cheio de sofrimento,
O de quinta-feira vai longe,
O de sexta-feira é amoroso e generoso,
O de sábado trabalha duro para sobreviver,
Mas o que nasce no Dia do Senhor
*É belo, contente, bom e feliz.**

Como todo o mundo nasceu num dos sete dias da semana, o dia em que você nasceu é uma boa estratégia aleatória de solução de problemas. Se você não sabe ou não consegue descobrir em que dia da semana nasceu, use o dia em que faz aniversário este ano.

---

* *Monday's child is fair of face,*
Tuesday's child is full of grace,
Wednesday's child is full of woe,
Thursday's child has far to go,
Friday's child is loving and giving,
Saturday's child works hard for a living,
But the child that's born on the Sabbath day
Is bonny and blithe, and good, and gay.

Segunda-Feira

Preste mais atenção ao papel que você tem de desempenhar. Sua linguagem e tom de voz encaixam-se no seu papel? Você está vestido a caráter? Como você age? Vista-se, fale e aja como a pessoa capaz de resolver o problema.

Terça-Feira

Procure uma solução mais elegante e sutil. Pense em como fazer para obter o mesmo resultado com menos esforço. Pense em soluções simples e abrangentes.

Quarta-Feira

Dedique toda a sua atenção e energia ao problema que tem lhe causado tanto sofrimento. Você já sofreu o bastante. Deixe de lado todos os outros projetos até encontrar uma solução.

Quinta-Feira

Procure uma solução de longo prazo para o seu problema. Não se deixe desviar do caminho pelos remendos de curto prazo. Concentre o seu tempo e os seus talentos em obter um êxito duradouro.

Sexta-Feira

Demonstre mais o seu afeto pelas pessoas que ama e a sua gratidão pelas que o ajudam. Se você ama alguém, diga isso a essa pessoa, não só hoje como também amanhã. Se você é grato a alguém, diga isso a essa pessoa. Deixe-lhe bem claro por que você está grato. Isso não fará resolver seus problemas, mas eles vão parecer muito menores.

Sábado

Resolva o seu problema com uma boa dose de trabalho duro. Arregace as mangas e persevere até conseguir o resultado que deseja.

Domingo

Você precisa dar mais ênfase ao lado positivo da sua vida. Concentre-se em como aproveitar ao máximo as suas circunstâncias atuais. Você encontrará uma solução para o seu problema no futuro próximo; por enquanto, só pense em "sentir o aroma das rosas".

Novas Perspectivas

"Os conceitos da física são criações livres da mente humana, e, por mais que as aparências digam o contrário, não são unicamente determinados pelo mundo exterior."

— ALBERT EINSTEIN

Cada pessoa tem uma visão da realidade. Cada ponto de vista lança luz sobre, ou obscurece, um determinado conjunto de idéias. O fato de mudar de perspectiva, ou de ponto de vista, pode fazer as soluções nascerem como que do nada. Tudo o que você precisa fazer é mudar de ponto de vista.

Pergunte ao Outro Cérebro

Será que as respostas que você tem buscado estão do outro lado da sua cabeça? Na verdade, o seu cérebro são dois cérebros. Há um que você usa mais, mas o outro é tão inteligente quanto ele, posto que de maneira diferente. Também esse outro cérebro tem coletado informações relativas ao seu problema e talvez tenha uma solução pronta para você. Entretanto, por causa do domínio de um hemisfério cerebral, o outro tem dificuldade para comunicar a você as opiniões dele. Dê ao seu "outro cérebro" uma chance de expressar suas idéias.

Para obter uma solução do seu outro cérebro, troque de mãos e de técnicas. Se você é destro, use a mão esquerda. Se é canhoto, use a direita. Se usa palavras para examinar problemas, passe a usar figuras. Se pensa visualmente, use palavras. Para variar, você pode usar também instrumentos diferentes para desenhar ou escrever, como lápis-cera ou pincel e tinta em vez da caneta.

Com a outra mão e a nova técnica, descreva seu problema. Inclua na descrição os detalhes importantes, os fatos periféricos e até mesmo coisas sem sentido. Quando você descrever o problema, as possíveis soluções vão começar a nascer. Capture-as usando o estilo que você está usando para descrever o problema. Tome cuidado para não voltar ao seu estilo normal, quer se trate de palavras, quer de figuras. Seu hemisfério cerebral dominante provavelmente vai gostar das novas idéias e vai querer assumir o controle. Impeça-o! Mais tarde será a vez dele. Quando você terminar, terá em mãos uma descrição nova do problema e algumas boas soluções propostas por alguém que conhece o assunto de dentro.

Passar a usar o hemisfério cerebral esquerdo ou direito não é única opção que você tem para mudar a perspectiva da sua mente. Algumas porções do seu cérebro são mais emocionais, ao passo que outras são mais objetivas.

Se você esteve tentando resolver objetivamente o seu problema, pode ser que venha a ter um ponto de vista completamente diferente se se deixar emocionar por ele. Fique bravo ou entusiasmado. Use os centros emocionais do cérebro.

Se o fato de pensar sobre o problema mexe com a sua emoção, acalme-se. Pense nas soluções sob um ponto de vista desinteressado. Imagine que o problema é de outra pessoa — que você não será afetado pelos resultados e só está dando conselhos a alguém. Deixe que as partes mais racionais do seu cérebro trabalhem para vencer o desafio.

Leito Hospitalar

As limitações podem forçá-lo a encontrar soluções mais criativas. Imagine que você foi hospitalizado. Sua condição é séria e suas atividades estão rigorosamente limitadas. Você pode receber uma visita e dar dois telefonemas; depois, será sedado e permanecerá em hibernação até amanhã, quando poderá receber novamente uma visita e dar dois telefonemas rápidos.

Imagine que o seu problema consiste em administrar escritórios em Tóquio, Londres e Nova York. Ele esgota toda a sua energia e você não pode se dedicar a mais nada. Se você estivesse preso a um leito de hospital, sua estratégia para resolver o problema teria de mudar. O que você faria? Poderia, por exemplo, delegar as principais responsabilidades a certas pessoas em cada um dos escritórios e baixar a ordem de que se realizasse, diariamente, uma conferência telefônica compulsória para que eles coordenassem as atividades entre si. Poderia, por outro lado, reestruturar as operações de modo que cada escritório tivesse autonomia para trabalhar e a coordenação fosse mínima. De um jeito ou de outro, você seria capaz de dirigir as operações mesmo que estivesse internado num hospital; do mesmo modo, poderia encontrar tempo para se dedicar a outras coisas.

Abismo entre Gerações

As diferentes gerações têm maneiras diferentes de ver as coisas. O processo de pensamento de uma criança de 12 anos é muito diferente do de um ancião de 92 anos. Se você se levantou do lado esquerdo da cama hoje de manhã, tente encontrar uma solução como se você tivesse apenas 12 anos de idade. As crianças de 12 anos têm respostas para praticamente todos os problemas, exceto, talvez, o de manter o quarto arrumado. São mestres das soluções improvisadas. Com uma quantidade suficiente de barbante e fita adesiva, são capazes de consertar praticamente qualquer coisa. Fazem de tudo e são dotadas de uma energia ilimitada. Crie uma solução de 12 anos.

Se o seu problema consiste, por exemplo, em recrutar pessoal para trabalhar numa empresa nova no contexto de um mercado de trabalho já apertado, faça com que o seu escritório seja o mais divertido da cidade. Ponha *videogames* e brinquedos à disposição; ofereça *pizza* aos funcionários e leve-os para esquiar. O local de trabalho seria tão "legal" que logo você estaria recebendo propostas dos melhores trabalhadores da região.

Se você se levantou do lado direito da cama, imagine que você tem 92 anos de idade e está em busca da solução. Compreende perfeitamente o valor do presente e do legado que você mesmo vai deixar. Tem uma idéia clara de o quanto valerá a sua solução daqui a cinqüenta anos. Crie uma solução de 92 anos.

Para resolver o problema do recrutamento de funcionários para o novo escritório, uma pessoa de 92 anos ofereceria segurança e respeito aos trabalhadores. Você lhes daria autoridade e responsabilidade para trabalhar, bem como a segurança de saber que teriam você ao lado deles mesmo quando cometessem erros. Os empregados ficarão com você e trarão seus amigos para trabalhar nesse ambiente seguro e satisfatório.

Mude de Local

Os ambientes conhecidos reforçam os pensamentos conhecidos. Se você ficar sempre com as mesmas pessoas e nos mesmos lugares, provavelmente estará pensando sempre as mesmas coisas. Mas, se mudar de ambiente, será mais fácil imaginar novos conceitos. Isaac Newton teve algumas das suas maiores idéias depois que uma epidemia forçou-o a voltar de Cambridge para sua cidade natal, em Lincolnshire. A mudança de lugar foi uma libertação.

Há várias maneiras de fugir. Uma delas é sair da cidade. Você pode também refletir sobre o seu problema num café, numa biblioteca ou num parque. Ou senão pode sair com um amigo de carro, pegar uma rodovia ou uma estrada de terra e conversar sobre as idéias que vocês têm. Cada ambiente vai estimular idéias ligeiramente diferentes.

Para mudar de ambiente, você também pode andar com pessoas diferentes. Banqueiros de investimentos, artistas performáticos, professores secundários e contadores podem todos oferecer-lhe pontos de vista novos e valiosos.

Se o seu problema consiste em obrigar seu filho adolescente e rebelde a respeitar a hora de chegar em casa, passe a tarde no parque. Fuja da tensão de casa. Mude de lugar, veja as crianças a brincar e reflita sobre as idéias provocadas pela mudança de panorama.

Ponto de Vista Oposto

Você pode adquirir uma nova perspectiva rapidamente. Basta que adote um ponto de vista oposto ao seu quanto às questões que envolvem o seu problema. Reemoldure os fatos. Mude de opinião. Ao pensar com o outro lado, note a mudança que se processa no seu pensamento. Depois de criar uma solução oposta, inverta-a de novo. Veja que idéias ela pode lhe dar para que você chegue à solução verdadeira.

Se o seu problema consiste em encontrar um meio de promover um brilhante novato sem causar mal-estar entre os veteranos mais capazes, adote o ponto de vista oposto. Como você faria para promover um veterano e mesmo assim manter na equipe o novato brilhante? Talvez você o incumbisse de criar um novo plano estratégico ou comandar uma importante negociação. Agora, aplique essa mesma solução aos seus veteranos mais capazes.

Capítulo Sete

Como Transgredir as Regras

"Na mesma medida em que as leis da física se referem à realidade, elas não são infalíveis e sempre iguais. E, na mesma medida em que são infalíveis e sempre iguais, não se referem à realidade."

— ALBERT EINSTEIN

Einstein era um transgressor consumado. Desde criança, odiava as regras e os regulamentos sem sentido. De modo flagrante ou sub-reptício, transgrediu todas as regras que desprezava. Embora fosse um aluno brilhante, teve inúmeros problemas na escola. Só conseguiu um cargo numa universidade quando foi reconhecido como um dos maiores cientistas do mundo, pois resistia aos protocolos acadêmicos. Renunciou à cidadania alemã e tornou-se apátrida. Sua guerra constante contra as guerras causou-lhe muitos problemas em sua vida pessoal, mas influiu positivamente em suas pesquisas científicas. Não via o menor problema em transgredir as regras que obcecavam os mais brilhantes dentre os seus contemporâneos e os impediam de conceber idéias importantes. Suas meditações sobre os fenômenos físicos vistos por alguém que viajasse num raio de luz levaram-no a identificar — e transgredir — a principal regra que impedira outros físicos de chegar à teoria da relatividade. Einstein percebeu que o tempo não era necessariamente absoluto. Violando essa regra inviolável, ele resolveu um dos problemas mais importantes da ciência. O Apêndice B nos mostra como a transgressão dessa regra levou à primeira de uma série de soluções incríveis. Aprender a pensar como Einstein é o mesmo que aprender a transgredir as regras.

Você Tem de Transgredir as Regras

"Agradei-me, particularmente, da possibilidade de que Joshua estivesse tão preso ao seu modo clássico de pensar que me permitisse realizar o incrível feito de chegar antes do que ele à interpretação correta do seu próprio experimento."

— JAMES WATSON

Todo problema tem uma solução, mas certas coisas não podem ser feitas. As soluções se tornam inalcançáveis quando estipulamos tarefas impossíveis como uma condição da solução. As burocracias são especialistas em tornar irrealizáveis até as atividades mais simples. Quando um problema parece não ter solução, é porque há uma regra no miolo dessa dificuldade. Não é possível seguir uma convenção e resolver um problema difícil. É preciso transgredir as regras.

Diz a lenda que Alexandre, o Grande, resolveu um problema até então tido como impossível de resolver, o do Nó Górdio. Era esse um nó incrivelmente complexo que unia duas cordas. Quem quer que tivesse a sabedoria e a habilidade necessárias para desfazer o Nó Górdio tornar-se-ia senhor da Ásia. Alexandre cortou o nó em dois com sua espada. Depois, com a mesma espontaneidade e rapidez, conquistou a Ásia inteira.

Alguns vão dizer que Alexandre, na verdade, não transgrediu regra alguma. A regra de que o nó não podia ser cortado não era uma regra "verdadeira". Simplesmente, todos supunham que o nó tinha de ser desfeito. Porém, a maioria das regras é assim. Só não podem ser violadas quando partimos do princípio de que não podem sê-lo.

As regras têm a sua utilidade. Devemos respeitá-las quando isso nos é aconselhado pela moral e pela prudência. Porém, as regras não são a verdade; são um conveniente resumo taquigráfico da verdade. Em certas ocasiões, até mesmo as regras que nos são mais caras têm de ser transgredidas. Porém, o nosso respeito por elas é tão grande que somos incapazes de fazê-lo. Elas são essenciais para a nossa compreensão do mundo. Para não transgredi-las, procuramos um meio de manter de pé os mesmos conceitos errôneos que nos impedem de alcançar uma solução.

Os astrônomos de antigamente seguiam a regra de que "tudo gira em torno da Terra". Ela funcionava direitinho. Só os planetas não se encaixavam nela perfeitamente. Porém, em vez de deixar a regra de lado pelo fato de às vezes ela não funcionar, os astrônomos inventaram mais regras para explicar o movimento aparente dos planetas. Essas regras, complexíssimas, previam o movimento deles com surpreendente exatidão. O trabalho foi brilhante, mas errado. E o sucesso parcial dessas regras impediu o progresso por muito tempo.

As regras lógicas e bem alinhavadas são contrárias às soluções. Uma cidade descobriu que podia diminuir o número de atropelamentos eliminando as faixas de pedestres — uma violação flagrante da regra de que "faixas de pedestres = segurança". O fato de os pedestres terem de tomar mais cuidado na hora de atravessar foi mais eficaz do que a criação de uma zona artificial de segurança. Porém, não foi fácil transgredir essa regra.

As empresas de sucesso têm muita dificuldade para violar as regras que as conduziram originalmente ao sucesso. São regras que funcionaram bem no passado, e é em torno delas que as empresas se organizam. Por isso mesmo, essas empresas são vulneráveis aos concorrentes que têm coragem de violar as antigas regras. De que modo uma regra que resistiu à prova do tempo pode ser um impedimento a uma solução? De diversos modos. Vamos falar de alguns.

As Coisas Mudam

"As verdades são ilusões de que ninguém se lembra de que são ilusões."

— FRIEDRICH NIETZSCHE

Consideramos nossas soluções atuais como o cume das realizações humanas; afinal de contas, ninguém conseguiu fazer nada melhor até agora. Porém, todas as atividades humanas, do atletismo à zoologia, podem ser melhoradas. Haverá não só mudanças pequenas como também avanços gigantescos e importantíssimos.

Em 1904, um ano antes de Einstein publicar seus três artigos memoráveis que mudaram o mundo, era difícil imaginar de que modo o mundo poderia mudar para melhor. A democracia já existia, embora a maior parte da população não pudesse votar. Os atletas já se aproximavam dos limites absolutos do desempenho humano. O navio, o telefone e até o avião já haviam sido inventados. Aparentemente, não poderia haver mais nenhuma mudança de grande escala.

Como mostra a Figura 7.1, de 1904 para cá as regras mudaram. Vão mudar de novo, e de modo drástico. Porém, o aqui-e-agora parece tão permanente que é difícil imaginar como serão essas mudanças.

	1904	1996	2086
Salto em Altura	1,80 m	2,45 m	3,29 m
Nova York—Paris	6 dias	2 horas e meia	18 minutos
100 Metros Rasos	11 segundos	9,86 segundos	8,9 segundos
Salto com Vara	3,5 m	6,13 m	8,61 m
100 Metros Livre	62,8 segundos	48,42 segundos	38,37 segundos
Disco	41,45 m	74 m	94,49 m
Eleitorado	Homens brancos com mais de 21 anos	Mais de 18 anos	Plebiscito legislativo direto

Figura 7.1: As Coisas Mudam

Regras Locais

"Parece que os que ainda não descobriram as coisas conhecidas são particularmente dotados para lidar com as desconhecidas."

— ERIC HOFFER

Muitas regras são apenas locais. O sol que nasce toda manhã é um fenômeno local. Nos pólos, nem sempre o sol nasce e se põe. Um astronauta em órbita vê muitos nasceres do sol a cada "dia". E, se alguém se afastasse muito da órbita terrestre, veria sempre o sol no céu.

A natureza local das regras sempre causa problemas às pessoas. Na década de 1950, o então vice-presidente dos Estados Unidos, Richard Nixon, fez uma viagem à América Latina para demonstrar sua boa vontade com relação à região. Na época, os Estados Unidos não eram bem-vistos pelos sul-americanos, e por isso Nixon queria causar boa impressão. Quando saiu do avião, deu um sorriso, levantou as mãos lá no alto e, unindo o polegar e o indicador, fez o gesto que nos Estados Unidos significa "tudo bem". O público entendeu o gesto segundo o seu significado local — que nós, aqui no Brasil, conhecemos — e reagiu com indignação. Lembre-se, o que é verdade num lugar não é necessariamente verdade em todos os lugares.

Tradições que se Disfarçam de Verdades

"Este é um daqueles casos em que os fatos deixam a imaginação perplexa."

— WINSTON CHURCHILL

Muitas tradições existem há tanto tempo que tratamo-las como fatos. Porém, essas "verdades" variam muito de cultura para cultura. O que é ridículo numa parte do mundo pode, em outra, ser considerado uma verdade fundamental. Se duas idéias mutuamente exclusivas lhe forem apresentadas, por exemplo, você concordaria que ambas podem ser verdadeiras? Se você vem de uma determinada parte do mundo, vai dizer que não, é claro que não. Mas algumas culturas aceitariam a contradição sem pestanejar. Não há razão alguma para acreditarmos que nossos preconceitos culturais representam a verdade absoluta.

Pensamento Gregário

"As convicções são mais inimigas da verdade do que as mentiras."

— FRIEDRICH NIETZSCHE

As opiniões fortes podem ser muito persuasivas, mesmo em face de fortes provas em contrário. Num estudo científico, alguns atores tentavam convencer as pessoas a mudar de idéia a respeito de alguns fatos. As pessoas que participaram desse estudo estavam muito convictas desses fatos antes de conversar com os atores. Porém, depois de submetidos à doutrinação apaixonada dos atores, 37 por cento dos participantes escolheram respostas que sabiam estar erradas.

É fácil acreditar numa idéia errônea quando todos acreditam nela. Apesar de gerações e gerações que, no decorrer da história, provaram o contrário, é difícil acreditar que o mundo inteiro pode estar errado, embora isso aconteça repetidamente.

Escala

"Não tenho nenhum dom especial. Sou só apaixonadamente curioso."

— ALBERT EINSTEIN

Muitas vezes, a escala das coisas faz mudar as regras. As generalizações que funcionam bem num certo nível, como "os objetos muito maiores do que nós são pesados demais para se carregar", simplesmente não são mais verdadeiras quando reduzidas à escala de uma formiga. A física de Newton funcionava bem com objetos grandes e lentos. Porém, quando o tamanho ou a velocidade de um objeto mudavam drasticamente, a física de Newton já não servia. As regras da física einsteiniana funcionam num número maior de circunstâncias, mas também deixam de funcionar em circunstâncias extremas. Ainda temos regras a transgredir.

A dinâmica humana também depende, de certo modo, dos tamanhos. O que funciona num grupo pequeno nem sempre funciona numa grande empresa. A escala das soluções não combina com a dos problemas. Porém, isso não nos impede de tentar, e as grandes empresas freqüentemente continuam implementando velhas soluções que funcionavam bem para grupos pequenos até que a situação se torne completamente absurda.

Regras que se Modificam

"Nada é mais fácil do que enganar a si mesmo. Pois, aquilo que cada homem deseja, isso mesmo ele acredita ser verdade."

— DEMÓSTENES

Muitas regras modificam-se a si mesmas. Seu próprio sucesso as faz mudar. Temos um bom exemplo disso no preço do petróleo. Na década de 1970, os analistas previam que o preço do petróleo continuaria aumentando. Essa previsão parecia baseada em fatos incontestes. A demanda continuaria aumentando; sempre aumentara. Era impossível fabricar petróleo, e por isso a escassez do produto faria subir o preço cada vez mais. Se a geologia e as forças do mercado não elevassem o preço do petróleo a uma altura astronômica, a OPEP elevaria. A regra era essa: preços sempre ascendentes.

Esse fato mudou o mundo. Os consumidores passaram a consumir menos, pois achavam que não tinham escolha. Os produtores aumentaram drasticamente a pesquisa e o desenvolvimento de novas reservas. Não se pouparam despesas. Com a moderação da demanda e a oferta inundando o mercado, o preço caiu. Os membros da OPEP precisavam tanto das rendas do petróleo quanto os outros países precisavam do próprio petróleo. Por isso, não reduziram a produção e não puderam, assim, influenciar o preço. Este, por fim, caiu. Muitos poços foram fechados. Então, o preço subiu de novo. No momento em que você está lendo este texto, é impossível dizer em que ponto do ciclo nós estamos.

Como Identificar as suas Regras

"A realidade não passa de uma ilusão, mas é uma ilusão muito persistente."

— ALBERT EINSTEIN

A resolução dos problemas mais difíceis exige que você mude o modo de pensar que está obstando a solução — as suas regras. Até mesmo as boas regras podem impedir você de resolver um problema. Tente desenhar a Figura 7.2 numa folha de papel sem tirar o lápis ou a caneta do papel. Você é capaz? A maioria das pessoas, quando se lhes pede que faça isso, afirma que é impossível. Porém, são as regras delas que fazem deste problema um de-

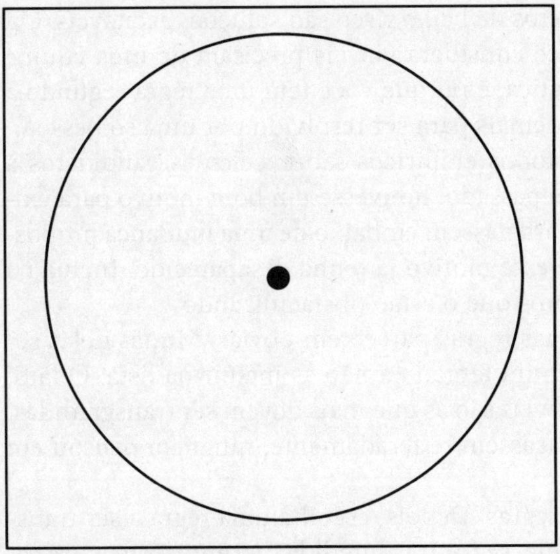

Figura 7.2: Um Desafio

safio. Nós usamos um lado do papel de cada vez. Porém, para desenhar esta figura sem tirar o lápis do papel, você precisa usar os dois lados. Desenhe o ponto central e dobre um canto do papel até o ponto. Então, sem tirar o lápis do papel, desenhe sobre o canto dobrado, vire noventa graus e comece a desenhar o círculo. Nesse processo, o lápis voltará para a frente do papel e você completará a figura sem romper o contato entre o lápis e a folha. Se você não desenhasse sobre papel desde criança, este problema seria simples. São os seus anos e anos de experiência que o tornam difícil.

O primeiro passo para transgredir as regras consiste em identificar as regras. Começaremos com as limitações que você identificou quando definiu o problema. Muitas vezes, as limitações que percebemos são as principais regras que nos impedem de encontrar soluções. Examine a sua lista de limitações. Se você listou o dinheiro como uma limitação, é porque existe na sua mente uma regra que diz que é preciso ter uma quantidade suficiente de dinheiro para resolver o problema. Transforme cada uma das limitações numa regra. Faça uma lista das regras que você mesmo determina para a solução do problema. Inclua na lista todas as suas regras, especialmente as que você acha que não podem ser violadas de modo algum. As regras que "não podem" ser violadas estão na raiz dos problemas mais difíceis.

Essas não são as únicas regras que você tem a respeito do problema. Quando saiu dos seus padrões habituais de pensamento, você teve várias idéias. Algumas foram boas e outras, nem tanto. Elabore regras a partir dos motivos que você teve para adotar ou rejeitar essas idéias. Examine as idéias que constam da sua lista. Comece com as melhores. Quais são as razões que estão por trás do seu juízo? Essas razões também são regras; coloque-as na lista de regras. Você teve também algumas idéias que acha que não vão funcionar. Identifique os motivos pelos quais não vão dar certo. Esses motivos são outras tantas regras; anote-os. Pode ser, por exemplo, que você tenha rejeitado uma idéia por ser muito arriscada. Implicitamente, você concorda com a regra de que só os projetos de baixo risco são soluções aceitáveis. Ou senão, se as soluções que você considera viáveis precisam de uma equipe grande para ser postas em prática, é porque você tem uma regra segundo a qual esse problema é grande demais para ser resolvido por uma só pessoa.

Os procedimentos e métodos empíricos são excelentes candidatos à transgressão. Pode ser que, no passado, houvesse um bom motivo para exigir que treze vice-presidentes assinassem embaixo de uma mudança proposta, mas pode ser também que esse motivo já tenha desaparecido. Inclua na sua lista todos os procedimentos que o estão obstaculizando.

Não se preocupe se as suas regras parecerem óbvias. Muitas delas serão tão óbvias que você se sentirá tentado a não as incluir na lista. O fato, porém, é que as regras mais óbvias são as que mais devem ser transgredidas. Embora as soluções óbvias fracassem reiteradamente, ninguém pensou em violar essas regras.

Faça uma longa lista de regras. Depois, escolha uma regra a ser transgredida. Acaso há uma regra que, se for transgredida, permitirá que você resolva o problema? Trata-se de uma regra fundamental. Não se preocupe se ela não puder ser transgredida. Pode ser essa a regra que está obstaculizando o seu caminho.

Eis uma possível regra fundamental: "As pessoas avarentas e egoístas não vão ajudar a acabar com a fome." Se você conseguisse violar essa regra, a fome acabaria. As pessoas avarentas e egoístas têm recursos de sobra para fazer isso. Se não há uma regra que você possa violar para resolver o problema, identifique regras ainda mais básicas. Faça um exercício de "sair dos padrões" para abrir seu pensamento. Procure a regra fundamental. Se você dispõe de um problema fértil, é certo que essa regra existe. Quando você identificar sua regra fundamental, terá chegado o momento de dar o passo mais importante do Pensamento Einsteiniano: transgredir a regra.

O dinheiro é um limite / Sem doações, não se pode alimentar as pessoas
A burocracia é um limite / As fronteiras são impedimentos à mudança
Egoísmo / Não há transferência voluntária de riqueza
Os ricos são cínicos
Pequenas mudanças não bastam para alimentar os famintos

Figura 7.3: Regras

Técnicas de Transgressão de Regras

"Vez por outra, os homens tropeçam na verdade; porém, a maioria deles simplesmente se levanta e vai embora como se nada tivesse acontecido."

— WINSTON CHURCHILL

Nunca é fácil transgredir as regras. Para violar as que o estão impedindo de chegar à solução é preciso ter criatividade e inteligência. É preciso, além disso, ignorar o bom senso e ter a disposição de se divertir. Há quatro técnicas que gosto de aplicar às regras que tenho de transgredir. São técnicas muito simples que funcionam para qualquer regra. Vou lhe mostrar como elas já foram usadas para transpor algumas regras importantes, como a lei da gravidade, por exemplo. Não estou sugerindo que você pule do alto de um edifício. Essas regras são sérias e não há humor em sua aplicação. Porém, muitas pessoas talentosas já se esforçaram para transgredi-las, e conseguiram.

Viole a Regra

Não é difícil violar flagrantemente uma regra — basta transgredi-la e agüentar as conseqüências. Quando não há mais nada a fazer, é esta a estratégia essencial. A transgressão flagrante exige coragem. Exige uma atitude de "não me importo com os fatos, nada vai ficar no meu caminho".

Durante a guerra civil entre César e Pompeu pela soberania sobre Roma, Júlio César viu-se diante de um dilema que só lhe deixou como opção uma violação flagrante. Pompeu, rival de César, estava em Roma e se tornava cada vez mais poderoso e mais cercado de simpatizantes. César e seus exércitos estavam na longínqua Gália, muito afastados do centro do poder. A solução era evidente: expulsar Pompeu de Roma. Porém, César só poderia fazer isso com um exército; mas entrar na Itália com um exército era um ato de rebelião que levaria Pompeu a mobilizar todo o poderio romano contra César. Este seria forçado a lutar contra um exército numericamente superior entrincheirado em posições defensivas fortes — uma transgressão séria das regras pragmáticas da guerra.

Parecia mais um problema insolúvel. Porém, César percebeu, e com razão, que sua única chance estava em capturar Roma. Violando as regras de que não se deve atacar um exército mais forte e de que não se deve fortalecer o adversário, César cruzou o Rubicão e entrou na Itália com uma única legião. Caminhando célere rumo à morte ou ao seu destino, ele desenvolveu uma estratégia. Movimentando-se rapidamente, eliminou a resistência antes que ela pudesse solidificar-se e usou seus primeiros êxitos em batalha para amealhar mais simpatizantes. Logo obteve o domínio de Roma, que era o seu único meio de vencer. Se não tivesse tido coragem para violar as regras, não teria sido mais do que uma nota de rodapé nos livros de história.

Nós ignoramos a gravidade todo o tempo. Pulamos do alto de muros, pulamos dentro de piscinas. Sabemos que o risco existe, mas nos arriscamos mesmo assim. Tem gente que sobreviveu a quedas de avião e de edifícios altos. Isso não acontece com freqüência, mas é a prova de que a violação flagrante de uma regra pode dar certo até em casos extremos.

Não existe regra inviolável. A regra de que uma espécie vegetal que não produz sementes nem brotos vai morrer parece muito firme. Porém, há uma espécie de laranjeira que conseguiu transgredir essa regra. Há alguns anos, encontrou-se numa única laranjeira um ramo que produzia laranjas sem caroço. Os plantadores de laranja incumbiram-se de propagar essa mutação estéril. As laranjas sem caroço não se extinguiram, mas, pelo contrário, tornaram-se um dos tipos mais comuns de laranja. Todas as regras podem ser transgredidas.

Como você transgrediria de modo flagrante a sua regra? Não queira ser muito astuto nem muito esperto. Simplesmente transgrida a regra.

Regra: Pequenas mudanças não bastam para alimentar os famintos.

Como o ato de transgredir a regra pode se transformar numa solução? Anote a idéia. Não será uma solução completa; talvez nem sequer pareça uma boa idéia. Mas é um ponto de partida.

Viole a Regra: Promover a prosperidade mediante pequenas mudanças.

Contorne a Regra

A segunda técnica consiste em contornar a regra, evitando as conseqüências dela. É um jeito sub-reptício de transgredir a regra. Você a contorna, mudando-lhe os resultados. Transgride a regra mas não se machuca.

Os viciados em adrenalina evitam as dolorosas conseqüências da lei da gravidade: pulam de aviões, mas com pára-quedas amarrados nas costas. Caem lá do alto, mas, nas últimas centenas de metros, caem com lentidão suficiente para evitar quaisquer ferimentos.

O presidente Franklin Roosevelt tentou contornar as regras quando a Suprema Corte rejeitou boa parte dos programas do seu *New Deal*. Ele não podia opor-se diretamente ao tribunal, pois a Suprema Corte é uma das mais sólidas instituições norte-americanas. Por isso, ele aumentou o número de juízes e nomeou vários novos juízes, tentando fazer com que os seus simpatizantes se tornassem maioria. Não conseguiu, mas encontrou uma solução criativa para um problema impossível de resolver.

Encontre um jeito de contornar a regra. Seja astuto; passe imperceptivelmente pelos obstáculos. Adote o legalismo e o jurisdicismo como política; use as cláusulas miúdas; peça conselhos a um amigo traiçoeiro; mas faça o que tiver de ser feito para anular as conseqüências da regra.

Regra: O dinheiro é um limite / Sem doações, não se pode alimentar as pessoas.

A idéia que você teve para contornar a regra deve ser anotada como uma semente de solução. Lembre-se: não existem idéias ruins, somente idéias que ainda não se transformaram em soluções.

Contorne a Regra: Encontrar outra fonte de dinheiro que não o de auxílio humanitário.

Adote uma Regra Oposta

Há uma maneira excelente, contra-intuitiva, de transgredir uma regra: criar uma regra oposta e obedecê-la. Isso não é tão absurdo quanto parece. A regra oposta a "É obrigatório pagar impostos" é "O governo tem de pagar você". Para obedecer a essa nova regra, encontre um meio de obter dinheiro do governo. Muitos já utilizaram com sucesso essa estratégia para zerar o saldo de contribuição fiscal. Em alguns países, essas pessoas constituem um terço da população economicamente ativa.

Essa estratégia não funciona somente com regras complexas e burocracias complicadas. O físico Richard Feynman ganhou seu Prêmio Nobel quando, junto com seus colaboradores, fez a seguinte pergunta: "O que aconteceria se a verdade fosse exatamente o contrário do que se pensa?" No fim, essa nova regra contra-intuitiva lhes permitiu compreender melhor o universo.

No passado, as empresas aderiam religiosamente à idéia de que a economia de escala é um fator fundamental do sucesso competitivo. Fábricas, organizações e aviões ficavam cada vez maiores para aumentar a eficiência. Depois, algumas descobriram que a regra oposta também funcionava. Fábricas, organizações e aviões menores eram capazes de explorar com agilidade oportunidades que as concorrentes maiores nem sequer percebiam.

A adoção da regra oposta funciona até mesmo contra a lei da gravidade. Os balonistas usam a atração gravitacional para subir. A gravidade puxa para baixo o ar circundante e empurra para cima o balão, que é menos denso.

A natureza validou em muitos casos a estratégia da "regra oposta". O pássaro-preto usa uma estratégia de regra oposta para criar seus filhotes. Entre os passarinhos, a regra normal reza que os pais devem cuidar de seus filhos. Os pássaros-pretos mudaram a regra para "abandonar o filhote para que ele cresça". Por isso, os pássaros-pretos põem seus ovos nos ninhos de outras espécies de pássaro. O filhotinho de pássaro-preto empurra para fora do ninho seus irmãos de criação e é criado por pais adotivos inconscientes e esforçados.

Eu usei uma regra oposta para mandar meus filhos dormir na hora certa. Antes, eu levava uma hora todas as noites para prepará-los para dormir. Decidi adotar então a regra oposta: as crianças podem demorar o quanto quiserem para aprontar-se para dormir. Depois, para transformar minha regra oposta numa solução, obriguei-os a começar a se aprontar pelo menos uma hora antes. Só podiam voltar a brincar quando estivessem prontos para dormir. Quanto mais rápido se aprontassem, tanto mais poderiam brincar. Agora, eles fazem tudo em menos de um minuto.

Formule uma regra exatamente oposta à que você quer transgredir. Depois, obedeça a essa regra.

Regra: Egoísmo / Não há transferência voluntária de riqueza.

E, como sempre, anote sua idéia como a semente de uma solução real:

Regra Oposta: As pessoas mais avarentas vão alimentar os famintos.

Casos Especiais

Um dos modos mais populares de transgredir as regras é criar um caso especial que não está submetido à regra. Aqueles que se enquadram nesse caso especial — e é de propósito que se enquadram — não têm de obedecer à regra. Os casos especiais são regularmente usados para não se pagar impostos. É perfeitamente legal, para eximir-se dos impostos, registrar a entidade como fundação sem fins lucrativos ou estabelecer a sede da empresa em Porto Rico.

A estratégia dos casos especiais não é usada somente para resolver problemas jurídicos. Os astronautas parecem isentos da lei da gravidade quando estão em órbita. A gravidade está lá e está exercendo sua atração, mas os astronautas determinam sua trajetória de modo que a gravidade possa ser ignorada.

Einstein bolou sua teoria da relatividade específica muito antes da teoria da relatividade geral. Propondo-se circunstâncias simples em seus cálculos, ele conseguiu encontrar uma solução inicial. Com as novas idéias assim obtidas, resolveu depois o problema mais geral.

Crie circunstâncias especiais que o liberem para transgredir a regra. Exima-se dos detalhes complicados que tornam o seu problema difícil de solucionar. Se o seu problema consiste em diminuir os congestionamentos de trânsito numa área urbana densamente ocupada, simplifique-o: ignore os veículos particulares. Elimine os congestionamentos para os veículos de transporte de massa. Se você conseguir resolver com eficiência esse problema menor, pode ser que o problema maior se resolva sozinho.

Regra: A burocracia é um limite / As fronteiras são impedimentos à mudança.

Anote suas circunstâncias especiais como sementes de soluções reais:

Caso Especial: Tornar as fronteiras invisíveis nas áreas mais afligidas.

A Prática da Transgressão

"Mas que diabos, aqui não existem regras — estamos tentando realizar alguma coisa!"

— THOMAS EDISON

Até se tornar um exímio transgressor de regras, você terá dificuldade para contornar os hábitos mais profundamente arraigados. Vai se sentir incomodado, vai se achar um idiota, vai pensar que está caindo na heresia. Quando transgredimos as regras, sentimo-nos como se estivéssemos roubando no jogo. Você vai querer pular a etapa de transgredir as regras para ficar só nas técnicas mais confortáveis de resolução de problemas. Não faça isso! Se o seu problema está há muito tempo sem solução, provavelmente é porque a solução exige que você repudie um pressuposto muito arraigado. Você tem de transgredir suas regras. Se não conseguir, terá de praticar um pouco.

Para Esquentar

Escolha uma regra da Figura 7.4 e pense em diversas maneiras de transgredi-la. Use o último algarismo do número da sua casa ou seu prédio para escolher a regra a ser transgredida. Trata-se, na maioria, de crenças comuns ou leis naturais, e podem até contar-se entre os pressupostos que limitam o seu pensamento. Pegue uma regra e transgrida-a.

Imagine que o número da sua casa termina com nove. Como você faria para ensinar truques novos a um cachorro velho? Foi isso que fez a IBM. Seus

Último Algarismo	Regra
0	Lei de Murphy (Se algo pode dar errado, vai dar errado)
1	Poupar no pouco e gastar no muito
2	Inércia (Um corpo em repouso tende a permanecer em repouso)
3	Da vida nada se leva
4	Quem guarda tem
5	A oportunidade não bate duas vezes
6	O primeiro a chegar leva tudo
7	O tempo não volta
8	Comprar na baixa, vender na alta
9	Não se ensinam truques novos a um cachorro velho

Figura 7.4: A Prática da Transgressão

dispendiosos computadores do tipo *mainframe* estavam enfrentando a dura concorrência dos servidores, mais baratos. A IBM e seus *mainframes* pareciam fadados a seguir o mesmo caminho dos dinossauros. Porém, a IBM conseguiu aprender um truque novo. Como já tinha experiência em fornecer serviços de computação para clientes empresariais, passou a atender também os sistemas baseados em servidores. Hoje em dia, a maior parte da receita da IBM vem desses serviços; entre outras coisas, a empresa administra as redes de servidores que substituíram os velhos *mainframes*. A IBM não é um dinossauro em extinção, mas, mais uma vez, uma concorrente formidável.

Você conseguiu transgredir sua regra? Divertiu-se ao ignorar esse limite idiota e fazer o que queria? Se teve problemas para fazer isso, tem ainda de entrar no espírito apropriado para violar as regras.

Como Desenvolver a Atitude Correta: A Solução de James Bond

Para transgredir as regras, é preciso ter a atitude correta. Imagine alguém que resolve problemas impossíveis, como o James Bond. Imagine essa pessoa sem dinheiro nem amigos num país estrangeiro. Dê a ele o seu problema. Se quiser dificultar mesmo as coisas para ele, dê-lhe o seu chefe ou os seus filhos. Será que ele conseguiria lidar com isso? É claro que sim. Ele sempre consegue, e ainda se diverte. É essa a atitude que você precisa ter.

Como é que o James Bond — a pessoa competente que você escolheu — resolveria o seu problema? Pense como ele. Pense no que ele faria para resolver a questão. Aonde ele iria? Com quem falaria? Quais os golpes de sorte que teriam de acontecer? Como ele faria para se divertir?

Deixe sua imaginação completamente livre — não há problema nenhum nisso. Registre seus pensamentos com umas poucas anotações. Faça esse exercício até encontrar a solução que a pessoa competente adotaria. Para resolver o problema, ela provavelmente teve de transgredir algumas das regras que impedem você de encontrar a solução. Por que você não faz a mesma coisa?

Se o seu problema consiste em resolver um complicado litígio sobre patentes com uma empresa concorrente, resolva-o como um James Bond. Pegue um avião e vá até o Caribe, onde você sabe que o seu concorrente está passando alguns dias. Vestido com todo o estilo, aproxime-se dele durante o jantar e proponha um acordo. Quando ele der risada, ridicularizando a sua proposta, ofereça-lhe friamente uma licença de uso de uma nova tecnologia de bloqueio — tecnologia essa que você acabou de criar, enquanto viajava de avião, e cujo projeto acabou de enviar, por fax, para o seu advogado. Depois que ele concordar, roube a namorada dele e ganhe no cassino o dinheiro gasto na viagem. Talvez você não queira fazer isso tudo, mas pode usar a tecnologia de bloqueio como ponto de partida para uma solução.

Boas Regras a Transgredir

Se você já está num espírito rebelde e disposto a transgredir as regras, mas ainda não conseguiu identificar a regra que, uma vez transgredida, permitirá que você resolva o problema, tente transgredir uma das seguintes. Estas regras muitas vezes bloqueiam as boas soluções. Use uma das quatro técnicas de transgressão para encontrar um jeito — qualquer jeito — de transgredir estas aqui.

É Impossível

"Impossível significa somente que você ainda não encontrou a solução."

— ANÔNIMO

Ninguém tenta resolver problemas impossíveis — afinal de contas, eles são impossíveis. Os obstáculos são grandes demais e impedem até que alguém pense em encontrar uma solução. A regra do "é impossível, por isso nem vale a pena tentar" é sempre uma boa regra a ser transgredida, pois já aconteceu, várias vezes, de problemas impossíveis terem sido resolvidos.

A ocupação nazista da Polônia foi horrível. Vinte por cento dos poloneses morreram na guerra ou em decorrência dos trabalhos forçados e da fome. Resistir era impossível. Até mesmo a mais débil oposição provocava represálias devastadoras.

Os médicos Lazowski e Matulewicz decidiram resistir mesmo assim, e encontraram para tanto uma solução brilhante. Injetaram bactérias de tifo, mortas, em vários pacientes seus e enviaram amostras do sangue desses pacientes para as autoridades alemãs. O exame dava positivo para tifo. Os alemães fizeram mais exames que também deram positivo. As autoridades fecharam a área e mantiveram-na em quarentena. As pessoas não foram deportadas para trabalhar como escravas e as tropas alemãs não ousavam entrar. Graças aos drs. Lazowski e Matulewicz, seus vizinhos não foram afetados pela pior parte da Segunda Guerra Mundial. Ou seja, até os problemas impossíveis podem ser solucionados. A regra do "é impossível" deve ser sempre a primeira a ser transgredida. Crie uma regra oposta: seu problema será resolvido.

Leis e Regulamentos

"O que não é justo não é lei."

— WILLIAM LLOYD GARRISON

Em geral, as leis partem de boas intenções. Porém, como não podem prever todas as contingências do futuro, freqüentemente tornam-se obstáculos às soluções. Einstein viu-se diante de diversos regulamentos insuperáveis. Queria renunciar à cidadania alemã, mas naquela época não havia o conceito de pessoa apátrida. Tal coisa não era permitida; mas ele se tornou apátrida mesmo assim. Queria freqüentar uma prestigiada universidade, muito embora não tivesse concluído o colegial. O colegial completo era uma condição *sine qua non* para a entrada na universidade. Einstein deu um jeito de ser admitido na universidade mesmo assim. Os regulamentos podem tornar a nossa solução mais difícil, mas também podem ser transgredidos. Se houver um regulamento barrando o caminho da sua solução, ignore-o.

Não Tenho o Suficiente

"Muitas vezes o dinheiro custa muito caro."

— RALPH WALDO EMERSON

Muitos problemas parecem impossíveis de resolver porque não existem recursos suficientes. Nunca se tem dinheiro suficiente para fazer algo de bom, só para projetos inúteis que, por definição, sempre recebem mais recursos do que o necessário. O pessoal nunca é suficiente; o tempo, idem. Apesar de tudo isso, coisas importantes continuam sendo realizadas. Constroem-se cidades, descobrem-se curas, crianças recebem uma excelente educação. É uma verdadeira tragédia que boas idéias não sejam postas em prática por falta de alguma coisa.

A falta de recursos suficientes é um problema real. Não só pela falta de recursos em si, mas também porque a mente usa essa escassez como desculpa para parar de buscar soluções. No momento em que você chega à conclusão de que não dispõe de recursos suficientes, pára de tentar encontrar uma solução. Para resolver um problema insolúvel por falta de recursos, oponha-se à regra de que a falta de recursos torna a solução impossível.

Um dos meios para isso é imaginar que você dispõe de recursos ilimitados (criar uma regra oposta). Pense em como você resolveria o problema se a falta de dinheiro (ou a pouca quantidade de pessoas, ou a falta de conhecimento) não fosse problema. Faça uma lista das pessoas que você contrataria, das coisas que você lhes pediria, do que você faria. Toda vez que você identificar um obstáculo, preencha um cheque ou designe uma pessoa para cuidar do assunto. Depois, passe ao obstáculo seguinte.

Suponhamos que o seu chefe tenha destacado você para desenvolver e gerenciar uma nova campanha de propaganda, mas só lhe deu dinheiro para o primeiro anúncio e simplesmente não lhe deu nada para custear o desenvolvimento da campanha. Se o dinheiro não fosse um obstáculo, você poria alguém para trabalhar no projeto. Assim, você entrevista diversas firmas de publicidade, entre as quais algumas firmas novas que querem entrar no mercado. Se você encontrar uma que se disponha a trabalhar de graça, ótimo — o primeiro passo já foi dado. Caso contrário, mostre ao seu chefe a melhor proposta e peça-lhe o dinheiro. Ou procure mais firmas que façam de graça o trabalho de desenvolvimento da campanha. Continue procurando até que a campanha esteja criada. Veicule então o único anúncio para o qual você dispõe de recursos e, quando ele fizer sucesso, peça mais dinheiro.

Buscar soluções como se a falta de recursos não fosse um obstáculo faz crescer a força da sua mente. Ela se acostuma a identificar problemas e resolvê-los. Seus obstáculos internos à solução evaporam-se, pois você aprende a desconsiderá-los totalmente quando eles aparecem.

Muitas vezes, o simples ato de começar a trabalhar num projeto é suficiente para criar as soluções intermediárias necessárias para levá-lo a cabo. Certa vez, passei pela cidade de Viena com um casal que estava havia dois anos viajando pelo mundo, numa excursão programada para durar três anos. Quando partiram, só tinham dinheiro para uma passagem de avião da Nova Zelândia para San Francisco, na Califórnia. Porém, esse primeiro passo foi o suficiente. Eles haviam começado. Depois daquilo, compraram carro, foram vivendo, fizeram turismo, divertiram-se e até compraram instrumentos musicais com o dinheiro arrecadado em apresentações musicais ocasionais e um ou outro trabalho temporário. Sempre deram um jeito. Tiveram até um filhinho, o que aumentou muito a renda dos concertos dados na rua. Estavam se divertindo a valer numa viagem que muita gente rica acha que não tem condições de fazer.

A idéia de que a falta de dinheiro não é problema também pode ajudar você a criar uma solução mais prática. Depois de esboçar uma solução como se a falta de dinheiro não fosse problema, determine quanto custaria cada etapa da solução. Depois, proponha-se as seguintes perguntas:

- Posso pagar pela solução?
- Quem poderia pagar pela solução?
- O que motivaria essas pessoas a arcar com os custos?
- O resultado vale o seu preço?
- Quais as partes da solução que eu posso pagar?
- Há alguma outra coisa que eu possa fazer em lugar destas, e pela qual eu possa pagar?

Com um plano, o problema fica mais fácil de solucionar. Como as idéias precedem as ações, os planos precedem os recursos. Use a sua idéia como base de um plano para reunir os recursos de que você precisa.

A Menor Distância Não Serve

"Se eu tivesse oito horas para cortar uma árvore, passaria seis horas afiando o meu machado."

— ABRAHAM LINCOLN

Muitas vezes, um problema é considerado insolúvel porque a rota mais direta e evidente rumo à solução não é viável. O pressuposto é o seguinte: se a rota direta não funciona, as indiretas também não vão funcionar. Certamente serão piores que a outra.

Será que a distância mais curta entre dois pontos é uma linha reta? Segundo a Federal Express, não. Essa empresa descobriu que a maneira mais rápida de transportar encomendas entre dois pontos quaisquer consiste em enviar todas as encomendas para o mesmo lugar, para ser separadas, e só depois mandá-las ao seu destino final. Um pacote enviado a uma cidade próxima é mandado para um centro de distribuição a milhares de quilômetros de distância, mas esse desvio permite que vários outros procedimentos sejam "enxugados" e se tornem mais eficientes. A solução teve como tema a facilidade de distribuição, e não a distância entre o ponto de envio e o de destino.

Faça uma lista de todos os meios indiretos pelos quais você pode se aproximar da solução ao seu problema. Para se acostumar a este modo de pensar, faça isso de modo que o seu primeiro "desvio" seja o mais complicado e estranho possível.

Já Tentaram Fazer Isso Antes

"Nada de absolutamente novo é perfeito."

— CÍCERO

A maioria das boas idéias têm de ser postas à prova várias vezes até que alguém finalmente consiga fazê-las funcionar. Os erros, enganos e perdas de tempo são quase uma precondição do sucesso. Mas nós nos esquecemos disso. Adotamos, pelo contrário, a idéia de que algo que fracassou no passado jamais terá êxito no futuro.

Se a regra do "já tentaram fazer isso" fosse seguida à risca, não teríamos aviões, nem carros conversíveis, nem mesmo a democracia. Dar uma segunda chance a uma idéia fracassada é um bom exemplo das estratégias de "Violar a Regra" ou "Contornar a Regra". A segunda tentativa pode dar certo em virtude de uma mudança das circunstâncias, ou porque você evita reproduzir aqueles aspectos da tentativa anterior que causaram o fracasso.

Provavelmente, os amigos de George Kinney acharam que ele era louco quando raspou o fundo do cofrinho e investiu até o seu último centavo na compra da massa falida do seu ex-patrão. Se o patrão dele tinha ido à falência fabricando aqueles sapatos, Kinney iria também. Porém, Kinney aprendeu com os erros do seu chefe e fez fortuna com a empresa, à qual deu o novo nome de Kinney's Shoes.

Se uma idéia deu errado no passado, qual é o problema? As coisas mudaram de lá para cá. Existem novos personagens no mercado. Você pode aprender com os erros deles. A probabilidade de tudo dar certo, agora, é muito maior.

Transgrida as suas Regras

"A arte ou é plágio ou é revolucionária."

— PAUL GAUGUIN

Para resolver problemas difíceis, você tem de transgredir as regras. Seja corajoso, seja criativo, fuja das convenções. Crie soluções partindo do pressuposto de que as regras podem ser transgredidas. Para transgredir as regras, é preciso ter criatividade e a atitude correta. Se você consegue ter a atitude de quem pode — e vai — transgredir uma regra incômoda, liberte para esse objetivo toda a sua criatividade. Transgrida suas regras e anote todas as sementes de possíveis soluções geradas por essa transgressão. O próximo passo do Pensamento Einsteiniano consiste em fazer com que essas sementes cresçam até transformar-se em verdadeiras soluções.

Capítulo Oito

Como Deixar a Solução Crescer

"Eu não sou
mais inteligente
do que os outros.
A única diferença
é que passo mais tempo
com os problemas."

— ALBERT EINSTEIN

Você sabia que os cientistas quase conseguiram provar que a teoria da relatividade de Einstein estava errada? Em 1914, as previsões dadas pela teoria ainda não se confirmavam, apesar dos anos e anos de trabalho. Naquele ano, cientistas alemães tinham o plano de verificar a teoria mediante a observação do desvio da luz durante um eclipse solar visível da Rússia. A observação demonstraria que Einstein estava errado, pois sua teoria não conseguia prever corretamente o desvio de trajetória da luz. A idéia era brilhante, mas faltava ainda especificar alguns detalhes. Se a Primeira Guerra Mundial não tivesse adiado o teste planejado, a relatividade teria sido desacreditada. Einstein passou outros quatro anos fazendo a sua idéia crescer até transformá-la numa solução de verdade. Sua teoria, já bastante melhorada, foi comprovada num eclipse ocorrido em 1918.

Até mesmo as idéias mais brilhantes precisam de muito trabalho criativo para tornar-se soluções. Agora que você já saiu da sua rotina mental, desafiou suas regras e criou as sementes de algumas soluções, chegou a hora de fazer uma dessas sementes crescer até virar uma verdadeira solução. Ainda há muito o que inovar, e o primeiro passo consiste em concentrar-se numa só idéia.

A Escolha de uma Solução

"A única razão da existência do tempo é para que todas as coisas não aconteçam de uma vez."

— ALBERT EINSTEIN

Agora que você dispõe de tantas opções interessantes, pode ser que relute em fixar-se numa única idéia. Porém, sua concentração precisa ser intensa como um raio *laser* se você quiser fazer uma solução crescer. Você não pode concentrar-se em várias idéias diferentes ao mesmo tempo. Tem de escolher uma.

Para escolher uma idéia, você tem de fazer um juízo. O juízo, por sua vez, é determinado pelas suas regras. O "bom senso" vai eliminar rapidamente todas as idéias novas. Elimine, isto sim, as soluções que fazem parte dos seus hábitos mentais. Quando você estava definindo o problema, identificou as três melhores opções de que dispõe atualmente, as melhores dentre as que não são boas o suficiente. Continue considerando-as proibidas, bem como todas as idéias semelhantes a elas. Se você não tiver uma opção empolgante, vai usar essas idéias e cairá de volta na mesma rotina de sempre.

Prefira desenvolver a idéia que mais o anima. O critério de seleção deve ser o seu interesse. Não elimine uma idéia pelo fato de ela ser fraca ou inviável. Pode ser que isso não passe de uma opinião preconceituosa sua, que o afasta de um pensamento revolucionário. Rejeite as idéias aborrecidas, pois você não trabalhará o suficiente para torná-las bem-sucedidas. Sua solução-alvo é a idéia-semente que o empolga. Escreva-a num papel.

Concentre as suas energias para fazer essa solução dar certo.

Soluções-Semente	
	Convencer as pessoas dos países ricos a mudar para os países pobres, com vantagens para ambos os lados.
X	Eliminar os obstáculos que impedem que os habitantes de regiões pobres melhorem eles mesmos as suas condições de vida
	Promover a prosperidade mediante pequenas mudanças
	Encontrar outra fonte de dinheiro que não o do auxílio humanitário
	Fazer os avarentos alimentar os famintos
	Tornar as fronteiras invisíveis nas regiões mais afetadas
Solução-Alvo	
	Eliminar os obstáculos à prosperidade

Figura 8.1: A Escolha de uma Solução

As Grandes Idéias Precisam Crescer

"O gênio é a capacidade de fixar a visão em algo até que esse algo se torne realidade."

BENJAMIN FRANKLIN

Parabéns! Você já tem uma solução em potencial. Infelizmente, tem também uns probleminhas — sua idéia não funciona e todos a consideram uma idéia idiota.

Não se preocupe, pois você está em boa companhia. As grandes inovações quase nunca funcionam logo de início, e as grandes idéias são rejeitadas por quase todos. Os irmãos Wright levaram anos para fazer alguém se interessar pelo avião, mesmo depois de tê-lo testado com sucesso; apesar disso, a idéia que eles tiveram mudou o mundo, e eles viveram para ver isso.

Há dois motivos pelos quais seus novos pensamentos serão rejeitados. Em primeiro lugar, é possível que você esteja totalmente errado. Porém, nem essa possibilidade é tão ruim quanto parece. As idéias inúteis, os CrisConceitos, são um solo fértil para novas soluções. Na pior das hipóteses, você terá criado associações, ligações e idéias em sua mente que poderão ser aplicadas, no futuro, a algo que funcione. O fracasso nos dá uma idéia clara dos próximos caminhos a ser palmilhados e uma compreensão completa de algo que não deu certo. O fracasso só é realmente ruim quando impede você de tentar de novo.

A segunda possibilidade é que a sua idéia seja errada só na aparência. As verdadeiras inovações parecem inúteis porque ainda têm muito o que crescer e se desenvolver. As grandes idéias não nascem prontas. Muito pelo contrário: quando surgem, são conceitos ainda em sua infância, que prometem muito mas ainda não conseguem ficar em pé sozinhos.

Richard Feynman deu um exemplo clássico de por que as grandes idéias parecem tão estúpidas. Os povos da América Central, no passado, eram grandes astrônomos. Tinham idéias primitivas acerca da estrutura do sistema solar, mas séculos e séculos de observação os haviam habilitado a fazer previsões acuradas dos eclipses e outros fenômenos celestes. Imagine se alguém chegasse ao chefe dos astrônomos e dissesse: "Tive uma grande idéia. Estamos num planeta que é apenas mais um dos planetas que giram em torno do Sol. Vamos reconstruir toda a astronomia em torno desse belo conceito!"

O astrônomo-chefe perguntaria: "A sua teoria é capaz de prever os eclipses?"

Você responderia: "Não, ainda não, mas tenho certeza de que ela nos permitirá fazer previsões ainda mais precisas daqui a alguns anos, quando eu a tiver desenvolvido um pouco mais." Imagine como ele reagiria!

Você pode ter certeza de que suas idéias inovadoras ou estão erradas ou só parecem erradas. Infelizmente, sem um pouquinho mais de trabalho, não dá para saber qual das duas opções é a verdadeira. Você terá de fazer sua idéia crescer até deixá-la robusta o suficiente para saber se é boa ou não.

Paciência: Suspender o Juízo

"Todo aquele que se arroga o papel de juiz no campo do conhecimento e da verdade é abatido pelas gargalhadas dos deuses."

– ALBERT EINSTEIN

"O gênio está em ficar sempre voltado para a mesma coisa."

– THOMAS EDISON

Para fazer uma idéia crescer, é preciso paciência. A teoria da relatividade de Einstein quase foi desacreditada antes de chegar à maturidade, mas nem todas as boas idéias têm essa sorte. Dão errado logo de início e ficam abandonadas até que alguém as retome para fazê-las avançar um pouquinho.

Temos relatos de um monge do século XI, chamado Eilmer, que construiu e testou um planador primitivo. Diz-se que ele conseguiu planar por centenas de metros. Se isso é verdade, ele foi um tremendo inovador. Porém, seus contemporâneos consideraram o vôo um fracasso absoluto, pois Eilmer teve problemas para controlar o planador. Caiu, bateu e ficou gravemente ferido. Por isso, aos olhos de todos, a idéia dele parecia estúpida.

Os fatos e os especialistas são mortíferos para os novos pensamentos. Eles só servem para ressaltar as falhas, as lacunas e os obstáculos que abundam em todas as grandes idéias. À luz dos fatos e dos especialistas, qualquer coisa pode parecer ridícula. Você terá de suspender o seu juízo e proteger a sua idéia dos outros até ser capaz de fazê-la virar uma solução robusta.

É necessário um grande esforço e muita paciência para desenvolver uma idéia brilhante. Até as idéias mais promissoras são acossadas por diversos obstáculos até que consigam transformar-se em soluções eficazes. Mahon Loomis demonstrou um telégrafo sem fio em 1868. A primeira transmissão radiofônica de Guglielmo Marconi só ocorreu em 1895. O problema é que Loomis foi incapaz de superar os obstáculos financeiros à divulgação da sua invenção e finalmente desistiu. Marconi deparou-se com os mesmos problemas, mas não desistiu e, com isso, mudou o mundo.

Ignore os Fatos Inconvenientes

"É muito mais fácil fazer críticas do que fazer o que é certo."

BENJAMIN DISRAELI

Você encontrará muitos motivos pelos quais sua idéia não vai dar certo. Sofrerá a tentação de abandonar sua inovação. Porém, não deixe que os fatos se tornem um obstáculo à sua solução. Assuma a atitude de quem vai fazer o conceito dar certo, independentemente dos obstáculos. Com exceção da sua idéia, todos os outros pressupostos, regras e convenções podem ser ignorados. Se você encontrar um obstáculo à sua idéia, esqueça-o. Prefira a idéia a todos e quaisquer fatos.

Quando Miranda Stuart decidiu estudar medicina, não deixou que os fatos a impedissem. Na época, ela não podia estudar medicina porque era mulher. Porém, queria desesperadamente praticar a medicina, e não deixou que a realidade a impedisse. Formou-se na faculdade de Edimburgo como homem. Depois, fez o serviço militar e chegou a ser a secretária da saúde do Canadá. O fato de ser proibida de ser médica não significou nada para ela.

Para saber se a sua idéia é boa, você tem de se apegar fanaticamente a ela. Quando deparar com um "fato" que torna a sua solução impossível, anote-o. Use as técnicas de transgressão de regras para fazer a sua solução dar certo independentemente de qualquer coisa.

Quando lhe perguntaram o que ele teria feito se os experimentos não tivessem corroborado sua teoria da relatividade, Einstein respondeu: "Teria achado uma pena, pois a teoria é correta." Essa resposta ilustra qual é a atitude que se deve ter para fazer uma idéia crescer até virar uma solução. Se não perseverar com sua idéia, você jamais saberá se descobriu uma novidade ou mais um Cris-Conceito.

Fatos Inconvenientes	Violar a Regra	Contornar a Regra	Regra Oposta	Caso Especial
O padrão da indústria é completamente diferente			X	
As leis federais atuais proíbem esta fusão				X
Meu filho adolescente não chega a casa à hora que eu mando		X		
Um executivo do meu escalão não pode conversar com o diretor-executivo sobre novas idéias	X			

Figura 8.2: Fatos Inconvenientes

Desafiar os Especialistas

"Sei que a maioria dos homens, inclusive os habituados a tratar com os problemas mais complexos, raramente é capaz de aceitar a verdade mais simples e mais óbvia quando ela os obriga a admitir a falsidade de conclusões que eles tiveram a honra de explicar aos colegas, que orgulhosamente ensinaram aos outros, e que lentamente teceram, fio por fio, no tecido de suas vidas."

— LEON TOLSTÓI

Os especialistas são cruéis com as idéias novas. Preferem os fatos que já conhecem. As idéias que põem seus fatos em questão representam ameaças para eles. Se essas idéias forem aceitas, eles deixarão de ser especialistas. Por isso, os especialistas mataram inúmeras boas idéias.

Alfred Wegner era um sujeito muito inteligente. Astrônomo e meteorologista formado, tinha também explorado o pólo. Entretanto, não tinha nenhuma formação em geofísica — infelizmente, pois deu uma notável contribuição a essa ciência.

Ele teve uma idéia excelente, verdadeiramente revolucionária. Percebeu que as plataformas continentais das Américas do Norte e do Sul, por um lado, e da Europa e da África, por outro, encaixavam-se como as peças de um quebra-cabeça. Até as formações geológicas nos litorais desses continentes eram semelhantes. Wegner teve certeza de que os continentes haviam sido, no passado, um único continente que depois se fragmentara — uma idéia brilhante.

Porém, quando Wegner explicou o germe de sua idéia aos especialistas, cometeu alguns erros. Os geofísicos aproveitaram-se desses erros menores para destroçar e dilacerar os conceitos wegnerianos, que mal haviam começado a se desenvolver, e assim desacreditaram por completo o maior avanço já ocorrido naquela ciência. Por causa disso, a inovação de Wegner morreu com ele.

Várias décadas depois, a ciência da geofísica já se desenvolvera e a idéia de Wegner, da movimentação dos continentes, foi de novo proposta, dessa vez por geofísicos. Nessa época, os indícios favoráveis à idéia já eram irrefutáveis. Atualmente, a idéia de Wegner é a pedra fundamental da geofísica. Os livros de referência modernos explicam a teoria, mas geralmente se esquecem de mencionar que o primeiro a propor a idéia foi um meteorologista.

Até mesmo as pessoas mais inteligentes podem estar erradas. Isaac Newton se opôs tenazmente às primeiras tentativas de usar relógios para determinar a longitude em viagens marítimas. Na opinião dele, era impossível criar um relógio preciso o suficiente e que pudesse ser embarcado num navio. Felizmente, John Harrison não teve medo de discordar do intelecto mais brilhante de sua época. Passou vários anos desenvolvendo vários modelos de relógios, mas aperfeiçoou por fim um relógio pequeno e muito preciso que não era afetado pelo movimento dos navios, pelas mudanças de temperatura nem pela corda. Esse relógio serviu para o cálculo da longitude por vários séculos, até que começou a ser substituído pelo sistema de localização por satélite.

Os especialistas são grandes conhecedores das idéias convencionais, mas são famosos pela sua incapacidade de reconhecer as grandes inovações:

"A teoria dos germes de Louis Pasteur é uma ficção ridícula." — Pierre Pachet, professor de fisiologia, 1872.

"Este 'telefone' tem muitos problemas que nos impedem de considerá-lo um meio sério de comunicação. O aparelho não tem nenhum valor intrínseco para nós." — memorando interno da Western Union, 1876.

"É impossível construir uma máquina voadora mais pesada do que o ar." — Lorde Kelvin, presidente da Royal Society, 1895.

"Quem é o trouxa que quer ouvir atores falando?" — H. M. Warner, da Warner Brothers, 1927.

"Nós não gostamos do som deles e a música tocada com guitarras está em vias de extinção." — Decca Recording Company, sobre os Beatles, 1962.

Quando os especialistas ridicularizarem as suas idéias, não se desespere. Certa vez, cem professores universitários nazistas escreveram um livro atacando as teorias de Einstein. Quando ficou sabendo disso, Einstein limitou-se a fazer o seguinte comentário: "Se eu estivesse errado, um único professor universitário teria sido o suficiente." Os especialistas terão inúmeros motivos para desprezar sua idéia. Ficarão convictos (e vão tentar convencer você) de que você é doido. Para transformar sua idéia numa solução, você precisa estar firme.

Se você não quiser que os especialistas ridicularizem sua idéia, não lhes diga nada. Se eles descobrirem mesmo assim, diga que a idéia é apenas um exercício. Você não espera que ela dê certo, espera somente aprender algo com o fracasso. Envergonhe-os pela falta de curiosidade deles. Depois, faça a idéia funcionar. Cedo ou tarde, os especialistas vão querer saber do que se trata. Depois de trinta anos de ostracismo, a Dra. Barbara McClintock ganhou o Prêmio Nobel de Medicina pelo seu trabalho revolucionário sobre os "genes saltadores". Os "especialistas" levaram todo esse tempo para entender o que ela tinha feito!

SEXO

"O segredo da criatividade está em saber ocultar as próprias fontes."

— ALBERT EINSTEIN

O sexo é bom para as idéias. A esmagadora maioria das idéias que já se desenvolveram sobre a face da Terra estão contidas na bagagem genética dos seres vivos em geral — em suas células, olhos e músculos. E os melhores genes foram produzidos pelo sexo. Até mesmo os minúsculos protozoários procuram, sempre que possível, trocar seus DNAs.

Por que o sexo é tão bom? Não é por ser fácil de praticar. As espécies que se reproduzem sexuadamente correm um risco tremendo e gastam uma quantidade incrível de energia — e, no caso dos seres humanos, até de dinheiro — para ter a oportunidade de intercambiar um tanto de material genético. A necessidade de perpetuação do DNA não explica plenamente a necessidade do sexo. A reprodução assexuada é mais simples e transmite todos os genes do organismo, não a metade. Seria, pelas aparências, a estratégia natural de autoperpetuação do DNA. Mas não é. Em vez dela, os genes egoístas preferiram o sexo.

Um bilhão de anos depois, o desenvolvimento de um DNA excelente prova que o sexo valeu a pena. Os organismos que se reproduzem sexuadamente e partilham o DNA de dois genitores diferentes são muito mais avançados que as espécies que adotam a reprodução assexuada. Além disso, os animais capazes de reproduzir-se de forma assexuada, como as bactérias e os perus, preferem, sempre que possível, adotar alguma forma de reprodução sexuada. O sexo combina dois conjuntos bem-sucedidos de material genético para criar a partir deles uma coisa nova e, às vezes, muito melhor. Essas diferenças foram tão bem-sucedidas que o mundo natural, em peso, tem o sexo como um dos seus principais objetivos.

O sexo também faz bem às idéias. A versão cerebral do sexo, ou sexo cerebral, é tão importante para a criação de soluções eficazes quanto o sexo corporal é para a criação de organismos bem-sucedidos. O sexo cerebral é um intercâmbio de idéias, de mão única ou de duas mãos. Uma das suas modalidades é a colaboração, na qual uma pessoa empresta a idéia de outra ou aprende com os erros de outra. O sexo cerebral pode, ainda, ser intencional ou subconsciente; e é muito mais eficiente e eficaz do que o desenvolvimento isolado de uma idéia.

As grandes idéias quase nunca são desenvolvidas por uma única pessoa, embora muitas vezes aconteça de uma pessoa ganhar o crédito. O avô de Darwin propôs uma teoria preliminar da evolução. Bell viu um telefone semelhante ao aparelho que inventou depois, e os irmãos Wright aproveitaram-se de anos e anos de pesquisas em aerodinâmica. As soluções criativas têm muitos pais.

Você precisa recorrer ao pensamento de outros para fazer a sua solução crescer até ficar forte e robusta. As idéias novas fortalecem as soluções promissoras. Preenchem as lacunas e corrigem os pontos fracos. Todas as boas idéias, desde a democracia até as mercearias, são regularmente alimentadas por conceitos novos que as tornam soluções melhores. O sexo cerebral garante a excelência das idéias.

Einstein beneficiou-se do intercâmbio de idéias. Criou e desenvolveu suas grandes idéias graças à ajuda de muitos colaboradores. Jamais teria chegado aos mesmos resultados se trabalhasse sozinho.

Os gênios têm uma vantagem sobre o comum dos mortais: em geral, têm mais acesso a um sexo cerebral de excelente qualidade. Têm a oportunidade de conversar com muitas outras pessoas brilhantes. Com esse intercâmbio freqüente de idéias, o potencial de pensamento deles expande-se ainda mais. Para desenvolver mais rápido idéias melhores, você precisa fazer a mesma coisa: precisa praticar mais o sexo cerebral.

A natureza tem outra coisa importantíssima a nos ensinar sobre o desenvolvimento de grandes idéias — evite o incesto. Ela favorece os comportamentos não-incestuosos porque os casamentos dentro da mesma família resultam em genes de pior qualidade. Quando você for trocar idéias para fazer a sua solução crescer, combata a sua tendência ao incesto intelectual. É bom colaborar com uma pessoa da mesma profissão que a sua ou que tenha a mesma formação que você, mas essa colaboração é altamente incestuosa. Busque conselho junto a pessoas de outros ramos de conhecimento e atividade, de formação e opiniões diferentes das suas.

Para que a sua idéia cresça até virar uma solução, você terá de praticar muito sexo cerebral. Troque idéias com pelo menos dez pessoas e anote as idéias assim concebidas. Não exagere nas relações incestuosas. Talvez seja bom manter um registro permanente das suas trocas de idéias, para que você saiba se o seu pensamento está, ou não, se beneficiando da quantidade adequada de sexo cerebral. Se você estivesse pensando em novas rotas aéreas dos Estados Unidos para a Europa, por exemplo, poderia ter um registro semelhante ao da Figura 8.3.

Infelizmente, a natureza não nos brindou com um impulso de troca de idéias tão forte quanto o impulso sexual propriamente dito. Muito pelo contrário, nós tendemos a ser avaros com nossas idéias. Relutamos em discutir nossos pensamentos porque temos medo do ridículo ou de que nossas idéias nos sejam roubadas. Se quiser fazer crescer uma solução de primeira linha, você terá de superar suas inibições à troca de idéias. O sexo cerebral terá de ser, para você, tão fundamental e tão necessário quanto o sexo biológico.

Colaborador	**Nível de Incesto**	**Idéias**
Bob Peters, Detroit	baixo	Rota do Meio-Oeste a Stuttgart
Adel Wood	alto	Disponibilidade de passagens nos portões
Hanspeter Schiess	baixo	Oportunidades de temporada

Figura 8.3: Registro de Idéias

O Sexo Cerebral Seguro

"Nenhuma descoberta científica é obra de uma única pessoa."

— LOUIS PASTEUR

É difícil trocar idéias que ainda mal surgiram, mas existem alguns meios, todos relativamente seguros, pelos quais isso pode ser feito. Experimente alguns dos seguintes. Todos eles são discretos e seguros e servem para fazer sua idéia se fortalecer graças às contribuições de outras pessoas.

Almoço

A maioria das pessoas almoça e gosta de conversar durante o almoço. Nesse momento, ficam tranqüilas e abrem seu coração. O almoço não é uma reunião formal nem a apresentação de um projeto. A conversa pode ser divertida. Mesmo que as suas idéias sejam completamente malucas, você será perdoado. Marque um almoço com uma pessoa de formação e perspectivas diferentes das suas. Explique-lhe a solução em que você está pensando. Não seja sério demais. De mente aberta, explore novos territórios. A explicação ajudará você a organizar seus pensamentos e, como vantagem adicional, seu convidado poderá comer, já que não vai ter de falar. Depois de você terminar, será a sua vez de comer. Deixe o seu convidado falar e ouça-o atentamente. Se o seu problema consiste em melhorar a competitividade da sua loja de departamentos perante as lojas de fábrica, o almoço é a melhor situação para discutir a sua idéia de diminuir o tamanho da loja em 70 por cento e introduzir a venda por monitores de vídeo. O almoço, enfim, é um lugar adequado para as idéias malucas.

Amigos do Passado

Os amigos do passado são grandes fontes de idéias. Considere-os versões do que você poderia ter sido. Provavelmente, vocês tinham muito em comum antes que as decisões e experiências mudassem o seu jeito de ver o mundo. Contate um amigo do passado e discuta a sua solução. Repare em como as experiências dele afetam a opinião que tem a respeito da solução. Incorpore à solução algumas das idéias dele. Seu amigo que mora num rancho em Montana talvez seja a pessoa perfeita para avaliar a sua idéia de venda por vídeo, uma vez que quase nunca vai a loja alguma.

Especialistas em Outras Áreas

Os especialistas são ótimos para resolver problemas. Porém, os especialistas da sua área provavelmente não vão gostar da sua idéia, que vai contra as idéias fixas que eles já têm. Discuta a sua solução com uma pessoa especialista num campo que nada tem a ver com o seu. Ela não precisa saber nada sobre o seu problema, mas tem de saber muita coisa sobre o campo em que ela mesma atua. Na qualidade de especialista, ela consegue compreender problemas complexos; tem experiência em encontrar soluções difíceis e fugidias. Por outro lado, não será vítima dos preconceitos típicos dos especialistas na sua área. E também não vai se importar se a sua idéia vier a revolucionar as coisas. Comunique a sua idéia a um especialista de fora. Se você quiser ouvir excelentes comentários sobre a sua idéia de venda por vídeo, converse com um excelente pianista.

O Sexo (Cerebral) Promíscuo

"A maior lição que a vida me ensinou é que, às vezes, até os tolos têm razão."

— WINSTON CHURCHILL

Para fazer crescer idéias saudáveis, você precisa ir muito além da sua roda habitual de confidentes. Porém, é difícil superar o puritanismo intelectual e trocar idéias de maneira realmente aleatória e promíscua. Se depender só de você, provavelmente você vai trocar idéias com as pessoas erradas — pelo simples fato de que será você mesmo a escolhê-las. O tabu do incesto está firmemente fixado em nós, mas não nos repugna trocar idéias com pessoas que pensam de modo semelhante ao nosso. Porém, para fazer crescer grandes soluções, é preciso ser um pouco mais promíscuo.

Quanto mais sexo cerebral, melhor. Quanto maior o número de pessoas com quem você trocar idéias, tanto mais probabilidade você terá de ter uma grande intuição. Se você precisa desenvolver um novo tipo de bebida quente, o sexo cerebral promíscuo pode lhe ajudar a gerar idéias nas quais você nem pensaria. Eis algumas maneiras de partilhar seu problema com um grande número de pessoas diferentes.

Sexo Cerebral Aleatório (Caiu na Rede, é Peixe)

Na próxima vez em que você conversar com uma pessoa estranha num avião, numa fila ou numa sala de espera, pergunte como ela modificaria a sua idéia de modo a transformá-la numa solução melhor. No geral, os estranhos têm os cromossomos intelectuais de que nós precisamos. As experiências deles são diferentes das nossas, e eles não estão há tempos tentando resolver o nosso problema segundo as velhas rotinas. Converse com um estranho. Esta é a estratégia perfeita para resolver o problema da nova bebida quente. Os estranhos não têm conhecimento algum das restrições, dos preconceitos e dos fracassos que envolvem as bebidas quentes em sua empresa. Deixe que eles ampliem a sua lista de idéias.

A Solução pela Festa

Esqueça as pesquisas. Dê uma festa para desenvolver sua solução. As festas são divertidas — e isso é motivo mais do que suficiente para dar uma festa. As festas também têm diversas vantagens para o desenvolvimento de soluções. Para começar, numa festa as pessoas se juntam para conversar, e o poder cerebral de todas elas trabalha de modo sinérgico. Em segundo lugar, numa festa as pessoas ficam menos inibidas e têm mais liberdade para pensar, coisa que quase nunca acontece nas reuniões formais.

Quando você convidar as pessoas para sua festa, já lhes diga qual é o tipo de solução de que você precisa. Isso lhes dará tempo para começar a pensar no problema. Se você for usar a sua festa para desenvolver idéias de bebidas quentes, peça a cada um que traga à festa a bebida quente de que mais gosta. Dê um prêmio à bebida mais interessante.

Quando seus convidados chegarem e compreenderem o que está acontecendo, explique-lhes que você reterá o melhor da comida e da bebida até eles encontrarem uma solução de primeira. Dê a todos um incentivo para trabalhar juntos e apresentar idéias. Faça de tudo para que a festa seja divertida. As pessoas pensam de modo mais criativo quando estão felizes e animadas. Para encorajar os pensamentos divergentes, dê um ponto às idéias mais malucas que surgirem. E, quando vocês tiverem tido algumas boas idéias, comemorem!

O Problema no Bóton

Você pode pedir a todas as pessoas que encontrar que o ajudem a fazer crescer a solução. Escreva a sua pergunta num papel grande e prenda-o no paletó como se fosse um enorme crachá. Simplifique a pergunta e escreva-a num papel ainda maior, de modo que seja legível à distância. As pessoas vão dar risada, mas também vão dar muitas sugestões e algumas grandes idéias. Não fique envergonhado — vá em frente. Aproveite o cérebro e a ajuda de todas as pessoas que cruzarem seu caminho.

Você pode usar um bóton que diz: "Como cortar em 15 por cento os custos de material?" Todas as pessoas que o virem se lembrarão do problema e contribuirão, pelo menos um pouquinho, para encontrar a solução.

Quadro de Avisos

Se você estiver com vergonha, use o quadro de avisos para obter sugestões de como solucionar o problema. Escreva o problema num papel e, incógnito, afixe-o num quadro de avisos bem visível. Deixe por lá papel em branco e canetas esferográficas para que todos saibam que a contribuição deles é mais do que bem-vinda. Escreva você mesmo a primeira sugestão, para deixar os outros mais à vontade.

Se você está em busca de novos segmentos demográficos para vender seu produto, escreva no quadro de avisos: "Para quem deveríamos estar vendendo nosso produto, mas ainda não estamos?" Você verá que o anonimato tornará seus colegas muito menos inibidos para propor soluções.

Sexo Monógamo

"Por mais que os gatos briguem, o número de gatinhos nunca parece diminuir."

— ABRAHAM LINCOLN

Um parceiro pode representar, a longo prazo, um grande apoio para a solução de problemas. Todas as pessoas têm pontos fracos e áreas que não conhecem bem ou que não têm aptidão a conhecer. O parceiro correto pode suprir essas deficiências. Duas cabeças combinantes pensam melhor do que uma.

Einstein precisou de muitos parceiros no decorrer de sua vida, especialmente esposas, secretários e assistentes que escreveram e corrigiram artigos, resolveram equações e o mantiveram sempre vestido e alimentado. O parceiro ideal de Einstein teria sido alguém capaz de libertá-lo de todas as preocupações com o mundo exterior — inclusive com os problemas matemáticos mais complexos — deixando-o livre para concentrar-se na sua obstinada busca de soluções. A primeira esposa de Einstein atendia a vários desses critérios. Cuidava das necessidades dele e resolvia suas piores equações.

Boa parte dos nomes famosos no ramo da resolução de problemas são nomes de parcerias, como a Rolls-Royce, por exemplo. Rolls era o empreendedor ousado, que corajosamente entrava em novas áreas de negócios. Royce era o homem prático, o homem dos detalhes, que fazia com que a visão de Rolls virasse realidade. Juntos, formaram uma parceria brilhante.

Há muitos gênios quem teriam se dado melhor se tivessem tido um parceiro. Rudolph Diesel foi um gênio da mecânica. Suas invenções, entre as quais o famosíssimo motor diesel, deram-lhe uma fortuna, mas ele perdeu tudo em virtude da sua estupidez financeira. Se tivesse um parceiro bom de finanças, isso não lhe teria feito mal algum.

Se você acha que um parceiro o ajudaria a desenvolver a solução, procure alguém que combine com você. Analise as suas próprias habilidades e traços de personalidade e escreva-os num papel. Determine quais são as habilidades e características de que você precisa para chegar ao sucesso. Depois, encontre um parceiro que tenha o que falta em você. Ele deve ser forte onde você é fraco.

Você e seu parceiro devem tolerar um ao outro. Isso é mais importante do que ter um parceiro muito inteligente. Einstein separou-se da sua primeira esposa, que era inteligentíssima, e casou-se com outra que era muito mais tolerante com a sua falta de atenção. Não existe uma parceria tranqüila. Pode ser, inclusive, que você jamais encontre um bom parceiro. Porém, vale a pena procurar. Quando as parcerias dão certo, são extremamente produtivas.

Os Erros — Passos no Caminho Rumo à Solução

"Se alguém jamais cometeu um erro é porque nunca fez nada de novo."

— ALBERT EINSTEIN

Os erros são essenciais para o crescimento das idéias. Você não precisa cometer erros deliberadamente, mas é impossível encontrar uma solução inovadora sem cometer erros. A existência de erros prova que você está transpondo as fronteiras do que já conhece. Só fazemos perfeitamente as coisas que já fizemos antes. Quando fazemos algo novo, cometemos erros. Para o Pensamento Einsteiniano dar certo, é preciso fazer experimentos; e os experimentos sempre acarretam erros. Se tudo o que você tenta fazer dá certo de primeira, é porque está pensando de um jeito extremamente conservador.

Paul Caffe era negro e pobre e viveu na época colonial dos Estados Unidos. Cometeu muitos erros, mas chegou a ser dono de uma grande frota de navios mercantes. O seu primeiro navio foi perdido para os piratas; o segundo foi perdido porque ele não conseguiu vender a carga. Porém, Caffe aprendia com todos os seus erros. Seu terceiro navio foi o primeiro de uma longa série de sucessos. Muitos navios e muitos erros depois, Caffe tinha sua própria frota.

Faça tantos experimentos quantos forem necessários para fazer a sua solução dar certo. Você vai criar um grande número de Cris-Conceitos, mas é a partir de um desses fracassos que nascerá o sucesso. Registre cada uma das tentativas e o que você aprendeu com ela. Assim, você terá certeza de que está cometendo erros suficientes para chegar ao sucesso.

Os experimentos são excelentes meios de peneirar tudo o que há de útil numa idéia, extraindo daí a solução viável. A descoberta do rádio, obra de Marie e Pierre Curie, resumiu-se ao processamento incansável de toneladas de minério para refinar a minúscula quantidade de rádio que eles sabiam que estaria oculta lá. Além de valer aos Curies um Prêmio Nobel, o rádio foi essencial para muitos outros avanços da ciência, inclusive alguns trabalhos de Einstein, que precisava de uma fonte segura de radiação.

Intelectualmente, nós sabemos que não há problema em cometer erros. Fugir dos erros é o mesmo que fugir do progresso. Porém, resta o fato de que os erros são penosos, constrangedores e caros, e nós fazemos de tudo

Experimento	Data	O que Aprendi
Ofereci produto de graça para fazer publicidade.	1/4	A publicidade foi boa, mas o tumulto, ruim. Fazer a promoção longe da loja e ter produtos suficientes para ir até o fim!
Ofereci cupons de vale-produto em diversos locais de grande movimento.	15/4	Na loja, todos ficaram ocupados demais em fazer as trocas de cupons e não puderam vender nada. Fazer cupons para ser trocados em diversas datas.
Distribuí um pequeno número de cupons diariamente por um período de duas semanas.	29/4	O movimento e as vendas aumentaram!

Figura 8.4: Diário de Experimentos

para não cometê-los. Para fazer a sua idéia-bebê crescer até virar uma solução forte, você precisa cometer muitos erros. Supere a sua aversão ao erro. Você será capaz de cometer mais erros se aprender a minimizar a dor ou ignorar a angústia de cometê-los.

Experimentos de Pensamento

"O nome que as pessoas dão aos seus erros é 'experiência'."

— OSCAR WILDE

Einstein adorava experimentos de pensamento. Quando era estudante, quase se feriu gravemente ao fazer uma experiência de laboratório, e por isso decidiu fazer suas experiências ulteriores no ambiente seguro da sua própria mente. Criava, assim, problemas mentais para explorar as próprias idéias. Esses experimentos eram às vezes fantasiosos, como o de viajar sobre um raio de luz ou de separar manualmente duas partículas subatômicas. Ambas as tarefas são impossíveis, mas Einstein aprendeu muito ao pensar em quais seriam as implicações de cada uma delas.

O experimento de pensamento permite que você ponha uma idéia à prova sem gastar nada nem passar nenhuma espécie de vergonha. O experimento será todo feito em sua cabeça. Você não cairá, não perderá todo o dinheiro que tem na poupança nem parecerá um idiota aos olhos dos outros, e mesmo assim conseguirá aprender muitas coisas sobre a sua solução.

Os experimentos de pensamento são audazes. Quanto mais radicais, mais eficazes. Um bom experimento de pensamento aplica a solução ao mundo inteiro ou a um único indivíduo; supõe a disponibilidade de recursos infinitos, ou zero de recursos. Se você está procurando um meio de cortar em 10 por cento os custos de montagem, seu experimento de pensamento deve ter por objetivo cortar os mesmos custos em 100 por cento. Como você eliminaria por completo os custos de montagem? Poderia comprar os componentes já montados, moldar o conjunto inteiro numa única peça ou eliminar a necessidade da peça. Suas soluções não precisam ser totalmente realistas. Porém, trabalhando com o problema em seu extremo, você aprenderá muito.

Crie um experimento de pensamento para pôr sua idéia à prova. Imagine uma situação extrema ou radical que envolva os novos conceitos com os quais você tem trabalhado. Identifique as questões que você tem de resolver para fazer a sua solução dar certo nessa situação. "Observe" o que acontece quando você faz o experimento. Resolva como puder os problemas que surgirem. Cometa seus erros nesse ambiente no qual a dor não existe, e use a confiança assim adquirida para dar uma nova chance à sua idéia.

O Ego, os Erros e o Progresso

"A única fonte do conhecimento é a experiência."

— ALBERT EINSTEIN

É difícil imaginar o Dr. Albert Einstein, um dos intelectos mais brilhantes de todos os tempos, como um garoto rebelde e metido a sabichão. Porém, é isso que ele foi. Faltava às aulas, ridicularizava os professores e transgredia as regras da escola. Essa atitude insolente atrasou em anos a sua educação e a sua carreira. Einstein cometeu esses erros porque era convencido. Sabia que era muito mais inteligente do que todos os que o rodeavam. Enfrentava as autoridades mesmo quando sua derrota era garantida, e conseguiu deixar todos — dos professores aos nazistas — loucos de raiva. Sofria por causa disso, mas sabia que estava com a razão.

Não estou sugerindo que você insulte os professores cuja recomendação é essencial para que você consiga o emprego que tanto quer (é, Einstein fez isso) nem que obrigue as autoridades a expulsá-lo do país (Herr Doctor fez isso também). Porém, seu espírito deve ser esse. Para fazer crescer a sua solução e suportar os erros que são um subproduto natural desse trabalho, você precisa de um ego maior.

É embaraçoso cometer erros. Você pode se magoar, pode perder dinheiro. Você tem de estar tão seguro da sua inteligência, da sua força e do seu êxito final que seja capaz de não se deixar incomodar pelos erros cometidos no decorrer do caminho. Para tanto, talvez seja necessário praticar um pouco. Eis um exercício para ajudar você a estar preparado para quando cometer esses erros tão importantes.

Soluções Heróicas

"O sucesso não é definitivo e o fracasso não é o fim de tudo."

— WINSTON CHURCHILL

Os super-heróis são capazes de fazer qualquer coisa. Não que não encontrem dificuldades: às vezes, são feridos no momento em que o mundo balança à beira da catástrofe, mas no fim conseguem vencer.

Para tornar a sua confiança tão grande quanto a de Einstein, imagine que você é o seu super-herói favorito das histórias em quadrinhos. É dotado de um poder tremendo e pode fazer qualquer coisa. É claro que sua família e seus amigos acham que você é uma pessoa comum, mas a verdade é que deveriam estar beijando o chão onde você pisa. Esse é você: a pessoa mais forte, inteligente e humilde do planeta.

Imagine o que o seu super-herói predileto faria para resolver seu problema. Vale usar a superforça para arrasar todos os obstáculos. Use o seu intelecto superior, sua força tremenda ou seu aparato tecnológico para chegar diretamente a uma solução. Seja melodramático. Extasie-se com a glória da sua realização. E daí que você vai cometer erros? No fim, tudo vai dar certo e você vai triunfar.

Por acaso um super-herói como você se importaria de cometer alguns erros? De quebrar algumas janelas e esmagar alguns carros? De destruir uma ou duas cidadezinhas? É claro que não! O problema TEM de ser resolvido, e, para tanto, podem-se cometer alguns errinhos. Essa é uma das prerrogativas dos super-heróis. Aplique essa mesma atitude ao desenvolvimento da sua solução.

O Risco Diário

"Um bom plano executado com violência hoje é melhor do que um plano perfeito executado amanhã."

— GEORGE PATTON

Um dos experimentos de pensamento debatidos por Einstein e seus colegas envolvia um gato dentro de uma caixa. Também dentro da caixa, havia um aparelho que mataria o gato no momento em que uma determinada partícula radioativa se desintegrasse espontaneamente. O momento da desintegração não podia ser calculado; por isso, para saber se o gato ainda estava vivo, a única solução era olhar dentro da caixa. Esse experimento nos mostra, antes de mais nada, que alguns físicos não gostavam de gatos; mas nos demonstra também que há certos resultados que não podem ser previstos e só são conhecidos no momento em que acontecem.

Isso vale também para as idéias. É difícil saber se uma idéia vai funcionar até que você a ponha em prática, depois a ponha em prática de maneira um pouco diferente, depois a ponha em prática de novo. É preciso experimentar coisas novas para chegar a uma grande solução. No decorrer das próximas quatro semanas, dê à sua solução um aspecto diferente a cada dia. Todo dia, faça um experimento de pensamento ou tente na prática uma nova maneira de implementar a solução. Você cometerá muitos erros, mas também fará muito progresso.

Domingo	Fiz vídeo de demonstração com massinha e blocos de jogo de armar.
Segunda	Contratei manobristas de seis restaurantes de classe para deixar meu roteiro nos melhores carros que forem estacionar.
Terça	Posei de secretária do dentista, corrigindo a agenda dele, para saber quando será a próxima ida de Max ao dentista. Estarei esperando.
Quarta	Reescrevi o roteiro como filme para mulheres.
Quinta	Contratei uma loira para ficar fora do estúdio com um cartaz na frente e outro nas costas, com o bordão do roteiro escrito em cada um deles.
Sexta	Mandei a versão do roteiro para teatro para o grupo teatral de verão.
Sábado	Conversei com um antigo professor do Max, com seu ex-técnico de futebol e com três filhos dele e convenci todos a recomendar que ele leia meu roteiro.

Figura 8.5: Diário dos Riscos

Mesmo quando você não estiver trabalhando para encontrar uma solução, crie o hábito de experimentar coisas novas. Coloque-se em situações de possível fracasso. Há um sem-número de coisas novas que você pode experimentar: uma rota diferente de casa para o trabalho, uma outra estação de rádio, um novo restaurante. Esses são riscos pequenos. Se você não tem exercitado seu talento artístico, tente desenhar ou esculpir uma imagem de uma amiga ou cantar bem alto uma canção conhecida. Tanto uma coisa quanto a outra, feitas em público, são excelentes exercícios de correr riscos. Todo dia que você fizer uma coisa nova, anote-a no diário. Vamos ver o quanto você é capaz de ser aventureiro.

Soluções a Partir de Idéias

"Uma pessoa que tem uma crença vale por 99 que só têm interesses."

— JOHN STUART MILL

Certa vez, Einstein e um assistente precisavam de um clipe de papel e só conseguiram encontrar um único clipe, que estava torto. Para endireitálo, Einstein precisava de uma ferramenta. Assim, com o assistente, fez nova revista ao escritório. Dessa vez, encontraram uma caixa de clipes. Einstein tirou um clipe da caixa e dobrou-o, formando com ele uma ferramenta para endireitar o primeiro clipe. O assistente lhe perguntou por que ele queria ainda consertar o clipe torto, já que tinham encontrado uma caixa inteira de clipes. Einstein respondeu: "Quando minha mente se fixa numa meta, é difícil fazê-la se desviar." É essa a determinação necessária para desenvolver grandes soluções. Para transformar uma boa idéia numa resposta, é preciso tempo e esforço. Provavelmente, você terá de transgredir suas regras várias vezes para resolver os novos problemas que surgirem quando estiver resolvendo o problema principal. É possível inclusive que tenha de admitir que enveredou por um beco sem saída, e tenha de começar de novo.

Começar de novo é uma parte importante da resolução de problemas. É tão crítica que devemos vê-la tal como realmente é: uma reavaliação do problema à luz do que você aprendeu com a última tentativa. Mesmo ao começar de novo, você está progredindo rumo a uma solução.

Sempre é possível que a solução fracassada seja um Cris-Conceito que encontra aplicação fora do problema-alvo original. John Wesley Hyatt inventou um rolamento que considerava perfeito para as rodas dos vagões de estradas de ferro. Provavelmente era perfeito, mas as companhias ferroviárias não se interessaram. Na época, panos embebidos em óleo cumpriam muito bem as funções de rolamentos das rodas dos vagões. Uma vez que o único setor significativo de veículos sobre rodas não comprava seus produtos, Hyatt vendeu a empresa — barato — para um jovem chamado Alfred Sloan, que começou a vender os rolamentos para a recém-criada indústria automobilística, a qual precisava de rolamentos fortes para fazer frente às estradas precárias da época. Depois de ganhar uma fortuna fornecendo rolamentos a Henry Ford, Sloan transgrediu mais algumas regras e tornou-se a grande figura da indústria automobilística, na qualidade de dono da General Motors.

Capítulo Nove

Como Evitar o Martírio

> "Os espíritos de grande vulto sempre sofreram a oposição das mentalidades medíocres."
>
> — ALBERT EINSTEIN

As Regras da Martirofobia

O espírito transgressor de Einstein nem sempre foi apreciado. Antes de tornar-se um superastro da ciência internacional, ele entrou várias vezes em conflito com as autoridades acadêmicas e científicas. Mesmo quando se viu a salvo dos ataques dos cientistas medíocres, foi perseguido por suas idéias políticas progressistas. Expulso da Alemanha nazista e asilado nos Estados Unidos, continuou sua briga contra o *establishment* político por causa de questões como a liberdade de expressão intelectual e a guerra atômica. Foi um dos poucos que tiveram coragem suficiente para condenar a inquisição macarthista e incitou outros intelectuais a recusar-se a depor perante os comitês de investigação. Felizmente, ele não sofreu muito por causa do seu pensamento inovador. Nem todos, porém, têm a mesma sorte que ele. O martírio é um risco que todos os grandes pensadores correm intrinsecamente. Se você concebeu uma grande idéia, tem de conceber também uma estratégia para não ter de sofrer por ela.

O medo de ser martirizado por causa da idéia é um obstáculo sutil, mas muito real, ao Pensamento Einsteiniano. Por medo das conseqüências, você pode recusar-se a transgredir regras fundamentais, pode desistir de fazer crescer a solução, pode até deixar de definir sinceramente o problema. E esse medo não é irracional.

O pensamento inovador pode ser perigoso. Copérnico teve inteligência suficiente para perceber que a Terra gira em torno do Sol. Foi também esperto o suficiente para não ser castigado pela sua grande contribuição. Fez circular a sua obra anonimamente. Os eruditos da Europa inteira beneficiaram-se do seu pensamento e ele continuou vivo. O martírio é algo que se repete com nauseante regularidade no decorrer da história. A idéia importante recebe a pecha de heresia, traição ou charlatanismo. O descobridor da idéia sofre as mais diversas injustiças: morte, prisão, exílio, ou é pura e simplesmente condenado ao esquecimento. Depois, a idéia é adotada. Às vezes, o criador recebe uma homenagem póstuma; porém, no geral, quem recebe o crédito são as pessoas que, no início, queriam matar a idéia.

O Pensamento Einsteiniano busca soluções pela transgressão dos pressupostos estabelecidos. Quando você fizer uso desse tipo de pensamento, sua inteligência — no mínimo — será questionada. Se não tiver cuidado, você será ridicularizado, desmoralizado, estigmatizado, isolado, transferido, despedido, aprisionado ou assassinado, dependendo das regras que estiver transgredindo.

Mas por que correr o risco de ser prejudicado por causa de sua contribuição? As grandes soluções devem ser benéficas, sobretudo para você. Evitar o martírio é um aspecto importante, e freqüentemente esquecido, do pensamento revolucionário. Sua idéia será mais bem-sucedida se você for capaz de mitigar as conseqüências negativas dela para a sua pessoa. Além disso, você será mais criativo se souber que não vai se machucar. Neste capítulo, explicaremos as técnicas para evitar-se o martírio quando se usa o Pensamento Einsteiniano.

Compreender a Resistência

"Há duas coisas infinitas, o universo e a estupidez humana; e, quanto ao universo, não tenho certeza."

— ALBERT EINSTEIN

As boas idéias sempre encontrarão resistência. Até pessoas lúcidas e inteligentes levantam-se contra pensamentos brilhantes, equilibrados e corretos. Já dissemos que as grandes idéias começam magrinhas, fracas e subnutridas. Porém, mesmo depois de o seu pensamento crescer e virar um conceito sólido, você poderá encontrar oposição, pois mesmo as piores situações têm quem se beneficie delas. Essas pessoas têm interesse em conservar as coisas do jeito que estão e vão lutar para conservá-las assim, freqüentemente a partir de uma posição de poder. Mesmo quando uma idéia radicalmente nova poderia beneficiar os poderes constituídos, ela pode parecer ameaçadora. Os poderosos são os expoentes do pensamento obsoleto. Se a nova idéia for instituída, eles vão parecer menos sábios, menos bem relacionados, menos necessários para todos.

Nem todas as idéias novas são boas. Há mudanças às quais devemos nos opor. Porém, o progresso é um nadar contra a corrente. A lenta derrocada da economia de comando, ou seja, do comunismo, nos proporciona diversos bons exemplos de como uma base de poder constituído pode resistir às idéias melhores.

As Más Idéias que Permanecem

"Para ser um membro imaculado de um rebanho de ovelhas, é preciso, antes de mais nada, ser uma ovelha."

— ALBERT EINSTEIN

O fracasso econômico do comunismo era evidente, especialmente nos estados divididos ao meio: a Alemanha, a Coréia e a China. Nesse caso, por que as economias de comando continuaram? A resposta, muito simples, é que as pessoas que se beneficiavam do comunismo também detinham em suas mãos o poder militar. Obstavam as mudanças benéficas para conservar seus privilégios.

Porém, não são só os comunistas que têm dificuldade de mudar. A resistência à mudança é universal. A reação ocidental à derrocada do comunismo é um exemplo clássico do triunfo do interesse próprio sobre a realidade. No decorrer dos anos, foi se tornando cada vez maior o número de provas e indícios de que as economias comunistas estavam entrando em colapso num ritmo acelerado. Um analista bisonho, dotado do mais básico conhecimento de história, seria capaz de perceber que as mudanças políticas drásticas estavam se apresentando como uma possibilidade real. Provavelmente, muitos perceberam. Porém, as agências de inteligência ignoraram essa possibilidade. Os dados foram "maquiados" para que os comunistas parecessem assustadores como eram no passado. As agências precisavam do Perigo Vermelho para justificar a própria existência.

Quando o Perigo Vermelho começou a esfacelar-se perante os olhos de todos e a Europa Oriental viu-se no centro de uma imensa crise, nem assim os governos ocidentais foram capazes de mudar. Continuaram gastando, cada um, cerca de um bilhão de dólares por ano para equipar-se para uma guerra que, caso viesse a ser travada, destruiria todo o planeta. Em contraposição, para ajudar milhões de inimigos convertidos em amigos, só se ofereciam financiamentos simbólicos. Os defensores da ajuda às democracias nascentes não tinham amigos no governo, ao contrário das empresas de produção de armamentos.

Certo — e Morto

"Na verdade, não sei o que induz alguém a levar tão a sério o próprio trabalho."

— ALBERT EINSTEIN

Se as boas idéias eram tão evidentes, por que motivo os funcionários dos ministérios da defesa do Ocidente não disseram: "Isso tudo é bobagem! Vamos agir de modo radicalmente diferente"? Pode ser que alguns tenham dito isso. Jamais saberemos o quanto de dissidência havia lá dentro, pois as organizações silenciam os dissidentes. Presos, transferidos, eliminados ou isolados, os defensores de idéias impopulares tendem a desaparecer. Imagine o que acontece à pessoa que diz: "Minha análise indica que, na realidade, não há nada que justifique a existência desta organização." O fato de nossas idéias serem corretas não nos protege da vingança dos burocratas.

Billy Mitchell foi um dos primeiros norte-americanos a propor o uso intensivo de aviões na guerra. Depois da Primeira Guerra Mundial, ele defendeu ardorosamente a idéia de que os aviões poderiam ser usados para controlar os mares e devastar as cidades. Chegou até a demonstrar algumas de suas idéias, afundando um vaso de guerra que ia para a sucata. Mitchell estava certo, mas esse fato não fez nenhum bem à sua carreira. Foi levado à corte marcial por defender incansavelmente o futuro. Já os seus opositores nunca foram julgados sob acusação de estupidez.

Como Evitar o Destino dos Hereges

"Se A é o sucesso na vida, então A = x + y + z. X é o trabalho, y é a diversão e z é ficar de boca fechada."

— ALBERT EINSTEIN

As pessoas dotadas de inteligência suficiente para criar boas soluções também compreendem os riscos políticos que inevitavelmente recaem sobre os que ousam dizer que o rei está nu. Você sabe o que acontece aos mensageiros que trazem más notícias. Por isso, muitos inovadores censuram a si mesmos. Escondem suas idéias para se proteger. Isso não pode continuar; nós precisamos dessas soluções. O medo de ser castigado por ter criado uma idéia pode ser um dos maiores obstáculos ao trabalho de fazê-la crescer até virar uma grande solução. Eis, agora, quatro estratégias para escapar ao martírio que persegue os que pensam como Einstein.

Atribua a Idéia e o Crédito a Outra Pessoa

Benjamin Franklin sugeriu essa estratégia sábia e despretensiosa. Em vez de apoiar entusiasticamente a sua própria idéia, finja que ela foi criada por outra pessoa. Depois, apóie-a entusiasticamente. Essa estratégia é especialmente eficaz quando a idéia é atribuída a uma pessoa poderosa.

Essa estratégia funciona bem por dois motivos. Em primeiro lugar, elimina a inveja e a suspeita de que você esteja apoiando a idéia pelo simples fato de ela ser sua. Em segundo lugar, as pessoas apóiam suas próprias idéias. Se você conseguir convencê-las de que a idéia é delas, elas vão lutar por ela.

A atribuição do crédito a outra pessoa vai angariar para a sua idéia o apoio de egos poderosos. O domínio do ego sobre a razão é absoluto. Certas pessoas são capazes de fazer praticamente qualquer coisa para evitar ver-se numa posição de inferioridade. O ego inflaciona os preços de leilões e aumenta em bilhões de dólares o custo dos negócios empresariais. Quando o ego envolvido é o de um dirigente político, o custo pode ser incalculável. Milhões de pessoas já tiveram de morrer para que uma única pessoa não tivesse a sua imagem manchada.

Não é difícil transferir a sua inovação para outra pessoa. Converse com sua chefe. Exponha-lhe suas idéias sobre como tornar o produto mais atraente para os consumidores jovens. Sugira a sua idéia de uma nova marca para a juventude como se não a estivesse levando muito a sério. Quando ela tecer comentários a respeito, mostre-se entusiasmado. Diga-lhe que ela acaba de acrescentar a peça essencial para completar o quebra-cabeça. Então, divulgue a idéia "dela" pela empresa inteira. Torne-se um adepto fanático dessa idéia.

Use o Medo

Outra estratégia para escapar das conseqüências de ter tido uma boa idéia: atribua a inovação a um concorrente. Se o seu problema consistia em encontrar novas maneiras de dar um aspecto diferenciado ao seu banco, atribua as soluções a algo que você ouviu falar sobre os bancos rivais. Diga que você ouviu dizer que outro banco está considerando a hipótese de implantar serviço de caixa em 24 horas. Expresse suas dúvidas quanto à idéia, mas observe que seria muito ruim se ela atraísse as pessoas mais ocupadas, de renda alta, e o seu banco ficasse para trás. As pessoas têm muito mais medo de perder para a concorrência do que de perder uma oportunidade. Seus colegas vão levar a sério qualquer coisa que lhes seja apresentada como idéia de um concorrente. Crie a ameaça da concorrência para fazer com que sua idéia seja posta na ordem do dia.

Crie um Benefício para os Poderosos

"Aquele que morre mártir mostra que não era covarde,
mas não mostra que não era tolo."
— CHARLES COLTON, ESPORTISTA E ESCRITOR

Sua idéia será aceita com mais rapidez se os poderes constituídos se virem beneficiados por ela. Existem pessoas capazes de defender altruisticamente uma inovação, mesmo que isso lhes venha a custar muito caro. Porém, não espere encontrar uma pessoa dessas entre os seus inquisidores.

Por trás de cada grande oportunidade há um grande presente de despedida. Na Europa Oriental, os conservadores burocratas do governo abandonaram o comunismo para ficar ricos. Venderam para si mesmos as ações das empresas estatais; quando o sistema mudou, eles conservaram a posição social que já tinham. O comunismo jamais teria caído por si se os burocratas fossem postos no olho da rua.

O benefício para os poderosos é uma parte essencial da sua idéia inovadora. As autoridades atuais têm de melhorar de vida.

Deixe que um Estranho Dê as Notícias

A explosão do ônibus espacial Challenger parecia um mistério insolúvel. Convocou-se uma mesa-redonda formada pelos melhores especialistas para determinar o que tinha dado errado e por quê. Einstein provavelmente teria sido convidado se estivesse vivo, mas na mesa-redonda havia outro gênio, Richard Feynman. Feynman inspecionou os destroços e examinou atentamente os filmes; leu pilhas e mais pilhas de relatórios e entrevistou um exército de testemunhas. Porém, a causa da explosão ainda lhe escapava.

É claro que a causa da explosão já era conhecida dentro da NASA quase desde o momento do acidente. O único problema da decifração do mistério da Challenger estava em como transmitir a notícia. Ninguém estava disposto a acrescentar à tragédia do desastre a tragédia de destruir a própria carreira. Por fim, um brigadeiro da força aérea a quem se dissera secretamente o que tinha acontecido convidou Feynman para ir à sua casa, num fim de semana, para examinar um projeto. O brigadeiro deu a dica — as vedações anulares frias — e a mente fértil de Feynman resolveu o mistério. Feynman demonstrou rapidamente sua descoberta: as vedações anulares frias da Challenger haviam rompido. Essas vedações, anormalmente frias, deviam ter permitido o escape de gases quentes dos foguetes de propulsão de combustível sólido, desencadeando a explosão. O mistério tinha sido resolvido.

Todo o setor de consultoria é alimentado pela necessidade de que pessoas de fora divulguem as más notícias. Ao contrário das pessoas que trabalham no lugar, os consultores têm sua imagem fortalecida quando identificam problemas graves. Levantamentos, pesquisas e equipes de investigação também são meios seguros de divulgação de más notícias. A voz do povo é a voz de Deus, e quem quer discutir com Deus?

A divulgação anônima é um modo menos elegante de pôr a público as más notícias. A idéia circula, mas não será necessariamente apoiada. Não é fácil dar apoio a uma idéia anônima. Em vez de divulgá-la anonimamente, atribua a idéia a outra pessoa.

Mas faça de tudo para disseminar a sua idéia inovadora. Dê a outras pessoas a oportunidade de melhorá-la e apontar os pontos falhos. Sua idéia precisa de sexo cerebral para se desenvolver. Só cuide para não ser condenado à morte enquanto isso.

A sua Estratégia

"Embora esteja preparado para o martírio, prefiro que ele seja adiado."

— WINSTON CHURCHILL

"O primeiro dever de um revolucionário é o de se safar."

— ABBIE HOFFMAN

Para fazer a sua idéia crescer até transformar-se numa solução, você precisa encontrar um modo de evitar as conseqüências negativas da inovação. Crie uma estratégia que lhe permita desenvolver ativamente a idéia, obter apoio e evitar a inquisição. Depois de criar uma tal estratégia, atenha-se a ela. A solução é mais importante do que a glória.

Estratégia para Evitar o Martírio: Pôr um VIP como chefe nominal do projeto.

FICAR COM O QUE É SEU

"Não há nada de errado com a moralidade, mas e os dividendos?"

— KAISER GUILHERME

Essas idéias para evitar o martírio não são novas. Entretanto, não basta simplesmente não ser castigado pela sua inovação. Você quer que a solução o beneficie. Quer a glória e uma participação nos despojos. Há pessoas inteligentes que querem a tal ponto ser conhecidas como descobridoras de idéias que preferem o martírio a perder essa glória. Então, como se faz para ter a idéia, ficar com a glória e não ser queimado na fogueira?

Talvez você tenha de ser egoísta. Como é perigoso divulgar uma boa idéia, por que não ser o dono da idéia? Na verdade, essa estratégia não é tão mesquinha quanto parece. Seu martírio não vai mudar o jeito de pensar das pessoas. Já uma implementação bem-sucedida vai fazer com que todas prestem atenção. O Vale do Silício está repleto de empresários bem-sucedidos, refugiados das grandes empresas. Seus antigos empregadores não se interessaram por inovações que valiam milhões.

Para fazer sua idéia funcionar, é preciso ter a coragem, a perseverança e a fortaleza de um Einstein. Mas isso é possível. Você pode fazê-lo. E há grande satisfação em trabalhar por algo em que se acredita. Não há nada melhor para estimular o trabalho do que a perspectiva de ver sua ideiazinha dar certo. Não pense em convencer o mundo — simplesmente use a idéia para tirar vantagens para você.

Talvez você queira reescrever sua definição original do problema de modo que o seu benefício esteja incluído nela como uma das principais considerações. Comece por identificar as "cenouras" e os "porretes" que dizem respeito diretamente a você, mesmo que esteja cuidando de um problema da empresa.

Cenouras	
O que a solução vai criar de bom?	Paz Prosperidade sem culpa Uma carreira excelente e satisfatória, ajudando outras pessoas
Porretes	
O que acontecerá se não houver solução?	Guerra Epidemias Catástrofes ambientais Uma carreira absurda e insatisfatória, só para ganhar dinheiro

Figura 9.1: Cenouras e Porretes

Então, emende a sua definição do problema para fazer do seu sucesso um dos objetivos da solução. Talvez essa atitude seja mais egoísta, mas contribui para que o problema seja resolvido.

> **Definição do Problema:** criar uma carreira satisfatória e de sucesso eliminando os obstáculos à prosperidade!

Seja Generoso

"O homem luta de modo mais aguerrido por seus interesses do que por seus direitos."

— NAPOLEÃO BONAPARTE

Você colherá mais benefícios da sua solução se muitas outras pessoas também colherem benefícios dela. Você precisa das idéias e sugestões dessas pessoas, e por isso precisa dar-lhes alguma participação no seu sucesso. Em 1982, a IBM introduziu no mercado o computador pessoal. Mais por acidente do que por intenção, a IBM deixou que outras empresas se beneficiassem igualmente dessa inovação. Alguns anos depois, a Apple criou um computador pessoal muito melhor e muito mais avançado do que os concorrentes. Milhões de pessoas entusiasmaram-se e adotaram o Macintosh da Apple. Todas as pessoas que eu conhecia, eu inclusive, queriam ter um Macintosh. Mas a Apple decidiu que ia ficar com a imensa maior parte dos benefícios dessa inovação e impediu que outras empresas lucrassem com a idéia do Macintosh. Só a Apple poderia fabricá-lo ou melhorá-lo. Por causa disso, as empresas em geral envidaram muito mais esforços para melhorar, incrementar e expandir o mercado dos PCs da IBM. Criaram-se trilhões de dólares de riqueza. O Macintosh também criou riqueza, mas não tanto para outras empresas que não a Apple. Havia menos incentivos para se desenvolver o Macintosh. Em decorrência disso, sua gigantesca vantagem técnica simplesmente desapareceu. Hoje em dia, o Macintosh só tem uma pequena fatia do mercado que poderia ter tido e a Apple só amealhou uma pequena parte do dinheiro que sua inovação valia, pois os dirigentes da empresa não tiveram a disposição de ser generosos.

A partilha dos benefícios da sua idéia é a melhor maneira de assegurar que o desenvolvimento dela conte com os melhores cérebros e os mais eficazes esforços. A longo prazo, as idéias partilhadas lhe trarão mais vantagens. Por isso, seja generoso.

Evite o Martírio

"Morrer por uma idéia é atribuir um valor extremamente alto a conjecturas."

— ANATOLE FRANCE

O mundo precisa de soluções, não de mártires. Quando você usar o Pensamento Einsteiniano para criar soluções, cuide também de você.

Capítulo Dez

O Pensamento Einsteiniano nas Empresas

“Qualquer imbecil dotado de um pouco de inteligência é capaz de tornar as coisas maiores, mais complexas e mais violentas. Mas é preciso um toque de gênio — e muita coragem — para caminhar na direção oposta.”

— ALBERT EINSTEIN

As empresas deveriam ser lugares excelentes para o pensamento criativo e inovador, pois reúnem pessoas dotadas de experiências e tendências diversas e têm a energia necessária para transformar até mesmo os conceitos mais difíceis em soluções fenomenais. Deveriam ser verdadeiros caldeirões de criatividade.

Infelizmente, não é assim que as coisas funcionam na prática. A maioria das empresas é agrilhoada pela sua própria inércia burocrática. As mudanças mais simples são dolorosamente difíceis; as verdadeiras inovações são impossíveis. Como dissemos no capítulo anterior, as pessoas criativas e capazes de solucionar problemas perceberam que as boas idéias podem ser perigosas e que o melhor é desenvolvê-las fora do local de trabalho. Isso não é bom nem para as empresas nem para os inventores de idéias. As empresas precisam de um pensamento inovador; os solucionadores de problemas precisam do poder das empresas. Ao que parece, vale a pena trabalhar para neutralizar os obstáculos empresariais ao pensamento não-convencional.

Este capítulo foi escrito para aqueles que têm poder sobre outras pessoas capazes de conceber soluções não-tradicionais para os problemas. O pensamento inovador, de tipo einsteiniano, é difícil e desorganizado; mas, se você não incentivar esse tipo de pensamento, as idéias — com suas recompensas — vão aparecer em outro lugar.

Como Administrar o Pensamento Einsteiniano

"Deve-se ter por certo que não há nada mais difícil de realizar, nem de êxito mais duvidoso, nem mais perigoso de empreender, do que dar início a uma nova ordem das coisas."

— NICOLAU MAQUIAVEL

Os executivos têm de empreender duas mudanças para tirar plena vantagem dos recursos intelectuais de sua empresa. Primeiro, precisam aprender a valorizar não só o trabalho, mas também as idéias dos empregados; depois, precisam se acostumar com o desperdício e os erros, inevitáveis na criação de qualquer solução de primeira linha.

Como Administrar a Criatividade

"Quando o líder eficaz termina o seu trabalho, o povo diz que tudo aconteceu naturalmente."

— LAO TSÉ

Na Revolução Industrial, a função da gerência era a de organizar e dirigir os esforços dos trabalhadores braçais a fim de criar um produto rentável. Essa é a atitude que ainda prevalece em muitas empresas — os administradores pensam e seus subordinados fazem. O chefe era o chefe porque era ele que tinha as idéias. Muitos administradores ainda se sentem ameaçados quando um membro de sua equipe tem uma boa idéia. Quem deveria estar pensando é o chefe, não o subordinado. Além disso, os administradores não suportam o desperdício que ocorre quando um subordinado tem uma idéia ruim. Porém, na nossa economia pós-industrial, as idéias criativas do empregado são o seu produto mais importante. As empresas não podem se dar ao luxo de desperdiçar o poder cerebral dos seus empregados. Precisam dos olhos de todos, das experiências de todos, e especialmente das idéias de todos, para permanecer firmes na concorrência e alcançar seus objetivos.

A administração de um ambiente criativo não é fácil. É muito mais difícil incentivar e conservar um ambiente de inovação e resolução de problemas do que manter funcionando a linha de montagem. Os administradores cujos subordinados não geram idéias estão desperdiçando o potencial que têm nas mãos. Porém, muitos gerentes preferem desperdiçar o poder intelectual do que admitir que um subordinado teve uma idéia na qual eles não tinham pensado. Nada mais errado do que isso.

Os administradores devem ser reconhecidos por encorajar e apoiar a atividade de resolução de problemas em seus empregados. A função do administrador é a de organizar e dirigir a produção intelectual dos empregados. Sabe-se que ele está trabalhando bem quando idéias são concebidas e desenvolvidas. Nesse caso, ele deve ser promovido, e não substituído por um subordinado criativo. Deve-se perguntar aos gerentes sobre as contribuições criativas dos seus empregados. Que idéias eles tiveram? O que o gerente está fazendo para estimular a resolução de problemas? Se os gerentes não forem avaliados pelas idéias de suas equipes, sentir-se-ão tentados a simplesmente desprezar e desperdiçar essas idéias.

Passe por Cima

"A única maneira de descobrir o melhor projeto consiste em experimentar o maior número possível de projetos e descartar os que fracassarem."

— FREEMAN DYSON

A transgressão das regras gera erros e gera o desperdício. Não há como evitar isso. Para que as idéias cresçam até transformar-se em soluções excelentes, é preciso tempo e é preciso dinheiro, boa parte do qual se gasta para saber com certeza que algo não funciona. As empresas não gostam do desperdício. Querem soluções sem erros. Os executivos têm de passar por cima das suas preocupações com o custo da resolução de problemas, pois a história demonstra que esse é um dos investimentos mais lucrativos que existem. Provavelmente, uma grande idéia estará pagando todas as contas da sua empresa daqui a dez anos. Você precisa aceitar que os erros são necessários e importantíssimos para o seu sucesso. Passe por cima das preocupações com o desperdício. Os erros, como você, são uma despesa cotidiana e necessária.

Quando as empresas tentam fazer alguma coisa nova, em geral cometem erros atrozes. Sua inércia burocrática é tão grande que só as mudanças de grande porte são aprovadas pelos primeiros escalões. Os erros, porém, não têm de ser excessivamente caros. Faça uso de mudanças pequenas e experimentos de porte limitado para aumentar o ritmo de geração de soluções. É possível cometer mais erros pequenos em menos tempo, e a limitação da abrangência dos fracassos há de torná-los mais fáceis de engolir.

A Promoção do Pensamento Einsteiniano

"Não diga às pessoas como fazer as coisas. Diga-lhes o que fazer e deixe que elas o surpreendam com os resultados obtidos."

— GEORGE PATTON

Depois de a administração compreender a necessidade de deixar que os subordinados pensem e acostumar-se com uma certa quantidade de desperdício, as empresas precisam fazer três coisas para promover o Pensamento Einsteiniano. Em primeiro lugar, têm de sancionar oficialmente a oposição ao estado atual de coisas; em segundo lugar, têm de encorajar o pensamento inovador; e, por último, têm de lidar judiciosamente com os hereges. Esses programas não são fáceis nem simples de executar. Exigem uma organização capaz de lidar com a contradição, o absurdo e a confusão, como fazia Einstein ao criar suas descobertas. Porém, as recompensas podem ser incalculáveis.

Questione o Estado das Coisas

"Em geral, as mentes medíocres desaprovam tudo o que vai além da sua própria compreensão."

— FRANÇOIS, DUQUE DE ROCHEFOUCAULD

As organizações têm de fomentar uma cultura de questionamento do *status quo*, do estado atual das coisas. O ser humano tem a perigosa tendência — chamada de Pensamento Grupal — de ignorar todas as informações que contradizem o plano predominante na época. As pessoas farão de tudo para ouvir exatamente o que querem ouvir. As informações que não se encaixarem no molde serão rejeitadas.

O Pensamento Grupal é duplamente perigoso. Para começar, a idéia mais popular pode não ser a melhor. O fato de fechar a mente para outras informações não basta para corrigir esse erro. Com demasiada freqüência, as melhores idéias são obscurecidas pelas regras populares.

Em segundo lugar, até mesmo as melhores idéias são imperfeitas. Têm pelo menos uma coisa em comum com uma pipa: ambos precisam encontrar uma certa resistência para levantar vôo. A oposição ressalta os pontos fracos e nos obriga a corrigi-los. Albert Einstein nos deu o exemplo perfeito de fortalecimento de novas idéias por meio da resistência. Sem querer, ele deu grandes contribuições à mecânica quântica, à qual se opôs. Bolou um bom número de desafios inteligentes que, a seu ver, invalidariam a idéia de incerteza. Mas o que ocorreu foi que, à medida que os cientistas foram encontrando respostas aos seus desafios, a teoria como um todo fortaleceu-se e avançou.

Uma oposição saudável dará um caráter de sinceridade e veracidade às suas deliberações. À medida que as boas idéias forem expostas a desafios difíceis, seu pensamento há de crescer e evoluir para responder a esses desafios. Eis agora algumas técnicas para encorajar a oposição ao pensamento tradicional.

Defina e Comunique Claramente os Principais Problemas da Empresa

A definição clara de um problema é sempre o primeiro passo para a criação de uma solução. Isso é especialmente importante nas empresas. Na maioria das vezes, não há consenso acerca de quais são os problemas. Cada qual tem a sua própria suposição, diferente da de todos os outros. Poucas empresas definem e comunicam quais são as soluções que desejam para seus problemas.

Para incentivar o Pensamento Einsteiniano, divulgue os principais problemas de sua empresa. Mantenha as definições num nível bastante geral para permitir uma grande amplitude de soluções criativas. As definições dos problemas devem ficar claras para todos. Nunca se sabe de onde pode vir uma boa idéia. Se o seu problema consiste em fazer a receita anual crescer em 15 por cento, deve-se colar na parede de cada escritório um papel com os dizeres: "Crescimento da Receita em 15 por Cento ao Ano." Todo aquele a quem se perguntar sobre o principal problema da empresa deve responder: "Crescimento de 15 por cento na receita." Os objetivos das divisões e departamentos devem ser ligados a esse objetivo principal. O grupo de serviços ao consumidor, por exemplo, pode definir o seu objetivo como "Reduzir o tempo de espera do serviço telefônico para dois minutos para colaborar com o crescimento da receita em 15 por cento ao ano".

As definições dos problemas das empresas também precisam das suas cenouras e porretes — as recompensas pela solução bem-sucedida de um problema e as conseqüências negativas se o problema não for resolvido. Os riscos e as recompensas não serão reconhecidos de modo claro pelos empregados da empresa se não forem expressos em termos pessoais.

Crie um Plano Alternativo

Desenvolva planos alternativos para estimular o pensamento inovador em sua empresa. O plano alternativo deve ser baseado num conjunto de pressupostos diferentes dos que embasam o seu pensamento atual. Se você acredita que os preços vão cair, parta da idéia oposta. Se você acha que não vai ter problemas com a concorrência, desenvolva um plano alternativo baseado na idéia de uma concorrência feroz. Crie opções que levem em conta esses pressupostos alternativos. Se você já decidiu por um único plano, organize uma sessão de idéias para ampliar as alternativas. Use as informações obtidas no desenvolvimento da idéia atual para voltar a pensar com a mente aberta.

No final do século XIX, todos estavam empolgados com a eletricidade. A iluminação elétrica e os motores elétricos estavam a caminho de revolucionar a sociedade — mas havia ainda um problema: era difícil transmitir a eletricidade à distância. Os paladinos da eletricidade, entre os quais o próprio Thomas Edison, haviam se resignado à idéia de instalar uma usina elétrica em cada bairro para contornar esse problema. Se não fosse por George Westinghouse, haveria hoje uma usina elétrica perto de você.

Westinghouse tinha um plano alternativo, ou melhor, um plano alternado. Propôs que se usasse a corrente alternada em vez da tradicional corrente contínua. A voltagem da corrente alternada pode ser aumentada, garantindo um transporte eficiente ao longo de grandes distâncias, e depois diminuída para o uso doméstico. No início, o plano não foi bem recebido. A eletricidade de corrente alternada acarretava problemas técnicos imensos. Além disso, o público a chamava de “morte elétrica”, por causa das altas voltagens. Parecia que a corrente alternada não ia ter sequer uma chance de provar a sua eficiência.

Porém, no decorrer do tempo, Westinghouse conseguiu resolver os problemas que flagelavam o seu plano alternativo, aparentemente menos promissor. Por outro lado, os problemas do uso comercial da corrente contínua não foram resolvidos. Foi a corrente alternada de Westinghouse que eletrificou o mundo inteiro. Hoje em dia, todos nós colhemos os benefícios do plano alternativo de George Westinghouse.

Não elimine uma alternativa só porque, de início, ela parece muito difícil. Pense cuidadosamente em como transpor cada um dos obstáculos. Pode ser que ninguém ainda tenha tentado solucionar os principais problemas associados à questão.

Relaxe

Muitas empresas têm um clima soturno e sombrio. O bom humor é um excelente recurso para romper com os antigos hábitos de pensamento. É uma das principais técnicas de síntese de idéias, que aprendemos no capítulo sobre sair dos padrões. E é igualmente eficaz para impedir que as novas idéias sejam ridicularizadas.

Se você teve uma idéia que viola regras importantes, apresente-a à empresa como se fosse uma piada. Se a idéia recém-nascida de outra pessoa estiver a pique de ser esmagada, brinque com a idéia para reencaminhar os que a criticam.

O bom humor é capaz de tornar aceitáveis as idéias mais intoleráveis. Em 1969, o avião que fazia o vôo número 7 da Eastern Airlines foi seqüestrado e levado a Cuba. Porém, quando o piloto anunciou o fato no sistema de som de bordo, os passageiros não se importaram. Achavam que tudo não passava de uma grande piada, pois o apresentador Allen Funt, do programa

*Candid Camera**, estava a bordo. Todos deram muitas risadas a caminho de Havana, com a exceção de Funt, que sabia que o que estava acontecendo não era uma piada.

Liberdade de Expressão Verbal

A liberdade de expressão verbal foi a principal de todas as inovações políticas libertadoras: a idéia de que ninguém deve ser castigado por manifestar a própria opinião. É ela que torna possíveis todas as demais melhoras políticas. E, quando a liberdade de expressão verbal desaparece, o progresso e a inovação política somem junto com ela.

A liberdade de expressão verbal é igualmente essencial para a inovação e o progresso nas empresas. Quando as pessoas têm medo de dizer o que pensam, as boas idéias rareiam e as más ações multiplicam-se irrefreadas. Para encorajar o Pensamento Einsteiniano em sua empresa, dê garantias de que ninguém será punido por dizer o que pensa.

As empresas também precisam de uma comunicação eficiente. Tempo é dinheiro. Nenhuma empresa é capaz de proporcionar oportunidades ilimitadas de comunicação de idéias divergentes. Para preservar a liberdade de expressão verbal e a eficiência da comunicação sem perder o controle da situação, o mais conveniente é impor um limite de tempo ou extensão às manifestações, garantindo ao mesmo tempo a mais absoluta liberdade no conteúdo. Imponha limites: um minuto ou meia página, por exemplo. As idéias que se enquadram nessa restrição devem ser ouvidas sem censura e não podem ser descartadas sumariamente. Faça da liberdade de expressão verbal um elemento fundamental da sua cultura empresarial.

Não se Esqueça do Valor dos Cris-Conceitos

Os pensamentos inovadores não devem ser estimulados somente porque podem dar certo, mas também porque até mesmo as idéias novas que dão errado são úteis. Os Cris-Conceitos servem de matéria-prima para idéias que funcionam. O fortificante de Pemberton foi um fracasso como remédio; mas, misturado a água com gás, tornou-se a Coca-Cola e vale bilhões de dólares. O pensamento inovador garante um suprimento constante de boas soluções e da matéria-prima destas: idéias ruins. Nunca se esqueça do valor dos Cris-Conceitos. Experimente pôr um retrato de Colombo na sua sala de reuniões. Conte aos seus colegas a verdadeira história de Colombo e lembre-os de que até as idéias erradas podem redundar em grandes soluções.

---

* Programa da televisão norte-americana que pega as pessoas de imprevisto em situações cotidianas ou arma "pegadinhas". (N. do T.)

Advogado do Diabo

Nomeie um advogado do diabo para encorajar o questionamento do estado atual das coisas nas discussões menos importantes. A função desse advogado do diabo é a de pôr em questão o pensamento habitual. Seu dever é o de tentar transgredir as regras quando o grupo estiver resolvendo um problema. O advogado do diabo questiona os procedimentos e regulamentos que estão obstaculizando a solução e quer saber por que eles não podem ser simplesmente ignorados. Questiona, ainda, os pressupostos que estão por trás de uma decisão. Identifica e procura transgredir as regras que estão obnubilando o processo de resolução do problema.

Quando uma das alternativas começa a predominar, o advogado do diabo deve pedir às pessoas que mudem de lado. Designe os mais entusiasmados simpatizantes da solução favorecida para opor-se sinceramente a ela. Pode ser que eles não mudem de idéia, mas certamente ficarão com a mente mais aberta. Ao defender a outra alternativa, serão forçados a pensar cuidadosamente sobre ela, quem sabe pela primeira vez.

Mude periodicamente o ocupante do cargo de advogado do diabo. Trata-se de uma função divertida e, exercendo-a, todos terão muito a aprender. Nas questões mais graves, pode ser útil nomear um membro sênior da equipe como advogado do diabo. Caso contrário, ele poderá usar a sua influência para combater as propostas do advogado. Todos os membros da equipe devem poder exercer a função de advogado do diabo de tempos em tempos. Só cuide de lembrar o advogado do diabo de que ele está aí para encorajar os pensamentos inovadores, não para demolir idéias ainda não desenvolvidas.

Opinião de Alguém de Fora

Peça a opinião de uma pessoa fora da empresa. Lembre-se de que os de fora sentem-se muito menos constrangidos de falar o que têm na cabeça. O estranho deve ter garantias de que não sofrerá nenhuma conseqüência danosa, no futuro, pelo fato de dizer o que pensa, especialmente se for essa a profissão dele. Deixe claro que você está à procura de idéias novas, não da confirmação daquilo que todos, dentro da empresa, já pensam.

Busque a opinião de alguém tão afastado do seu setor quanto possível. Se você quisesse fazer um avião em 1900, provavelmente teria procurado a ajuda de um experiente balonista. Na época, os balonistas eram os grandes especialistas na arte do vôo. Porém, quem resolveu o problema foram dois bicicleteiros, que não faziam parte da fraternidade dos homens-voadores.

Preste atenção às opiniões dadas de passagem pelos de fora da empresa. Ouça cuidadosamente ao que seus amigos, conhecidos e rivais têm a dizer sobre o problema. Pode ser que todos eles estejam errados, mas escute-os mesmo assim. Eles não sabem o que você sabe, mas também não têm a mente sobrecarregada pelos seus preconceitos e não se deixam limitar, como você, pelo conhecimento que tem do seu campo de trabalho. Não desqualifique nenhuma idéia por causa da pessoa que a propôs.

A contratação de pessoas de fora pode ajudar a institucionalizar o pensamento inovador. Contrate pessoas cujas capacidades sejam muito diferentes da principal área de trabalho da empresa. Uma empresa de tecnologia pode beneficiar-se do pensamento típico de um contador, e as idéias de um especialista em produtos para o consumidor não fariam mal algum a uma companhia petrolífera. Os estranhos são mais sensíveis às regras idiotas que fazem tropeçar as organizações homogêneas. Devem ser ouvidos e compreendidos, mesmo que as coisas que digam pareçam não ter sentido. Devem ser valorizados por sua ignorância, qualidade que não pode ser encontrada em nenhum especialista da empresa.

Dê Apoio ao Pensamento Inovador

"É um erro muito grave pensar que o gosto de ver e de pesquisar pode ser promovido por meio da coerção e do sentimento de dever."

— ALBERT EINSTEIN

A vida é muito difícil. A maioria das idéias chega a este mundo fraquinha, subdesenvolvida e prontinha para ser jogada na lata do lixo. As idéias são como crianças. Têm de crescer para depois aparecer. Por isso, você tem de dar apoio às idéias-bebês que surgem em sua empresa até que elas se tornem grandes o suficiente para ser avaliadas pelo que realmente são. Caso contrário, os melhores pensamentos inovadores surgidos em sua empresa nascerão mortos ou serão postos na rua de imediato. Eis algumas técnicas para impedir o infanticídio de idéias na sua empresa.

Dê Ouvidos

Os esforços dos inovadores devem ser recompensados com uma audiência. Nunca negue um minuto do seu tempo para ouvir uma nova idéia. Não há nada que estimule mais a inovação do que saber que seus pensamentos vão ser ouvidos e levados em conta. Se você não estiver disposto a ouvir as idéias malucas, as pessoas também não vão lhe contar suas mais brilhantes inovações. Por isso, ouça!

Diga de antemão ao criador da idéia que ele tem um minuto para apresentá-la e que, por isso, deve ser sucinto. Não emita seu juízo sobre a idéia na primeira vez em que a ouvir. Durante o minuto de que dispõe para relatá-la, o criador vai conceber pelo menos uma melhora em relação à idéia original. Peça-lhe que pense a respeito e lhe apresente, depois, mais um resumo de um minuto. É de se esperar que você vá descartar a maior parte dessas idéias. Porém, basta uma idéia brilhante para mudar profundamente toda a sua empresa.

Além de ter novas idéias, seus empregados e colegas têm importantes observações a fazer e opiniões a lhe dar, e você precisa tirar isso deles. Combine de conversar com cada um deles, um por vez. Reserve tempo bastante para conseguir levá-los a falar com sinceridade. Formule algumas perguntas para fazer a conversa esquentar e comunique o tema de antemão ao seu convidado para que ele também se prepare. Quando encontrar-se com ele, apenas ouça. Diga-lhe desde logo que você só vai fazer perguntas. Não afirme nada, nem retruque às asserções dele. Você se sentirá tentado a justificar suas ações passadas ou defender suas próprias idéias. Não faça isso! Ouça, pois só assim você saberá o que tem de saber.

Esse esforço de ouvir é um meio óbvio para estimular novos pensamentos sobre os problemas da sua empresa. Mas, se é tão simples e tão evidente, por que você não o usa com mais freqüência? Quando foi a última vez em que você deu ouvidos às idéias de um subordinado sobre como melhorar o negócio?

Descentralize a Administração de Idéias

Einstein criou algumas de suas melhores idéias quando trabalhava no registro de patentes. Desde que ele cumprisse sua função, ninguém se importava com o fato de sua física ser estranha ou revolucionária. O desenvolvimento de novas idéias não deve estar submetido ao domínio exclusivo do grupo funcional incumbido das atividades correlatas. Esse tipo de organização, baseada na lógica, só serve para matar as novas idéias. Os estudos da criatividade têm demonstrado que a fragmentação e a instabilidade políticas são o mais importante fator externo de estímulo à atividade criativa. As sociedades caóticas são muito mais inovadoras do que as estáveis. As novas idéias não sobrevivem num lugar onde a atividade intelectual é monopolizada por uns poucos. Os grandes pensamentos surgem quando ninguém tem o poder de assassinar uma nova idéia só porque ela não se enquadra nos seus planos. Tradicionalmente, as universidades têm sido grandes fontes de soluções. Nas universidades, a resolução de problemas é altamente descentralizada. Colegas desenvolvem soluções contrastantes e ninguém reclama do desperdício.

Para aumentar a qualidade e a quantidade de idéias em sua empresa, descentralize a autoridade de patrocinar novas idéias. Deixe que as pessoas pensem em soluções que não tenham nada a ver com a área de trabalho delas. É bom que uma pessoa da área de produção pense numa idéia de *marketing*. Ela tem tanta possibilidade quanto um especialista em *marketing*, talvez mais, de criar um conceito revolucionário de divulgação do produto.

A descentralização aumenta a probabilidade de uma boa idéia encontrar abrigo junto a um patrocinador amigo até que possa crescer e tornar-se viável. Até as pessoas inteligentes, na maioria das vezes, rejeitam as idéias revolucionárias. Se você deixar que os empregados e gerentes de toda a empresa adotem e defendam novas idéias fora de sua "jurisdição", será muito maior a chance de sobrevivência dos conceitos brilhantes.

Numa empresa em que a descentralização das idéias é uma realidade, cada qual tem liberdade de dedicar uma parte de seu tempo — mesmo que apenas alguns minutos por dia — ao desenvolvimento de boas idéias. Pode ainda criar idéias que não fazem parte das atribuições do grupo ao qual pertence. É certo que as pessoas vão perder tempo reinventando a roda ou desenvolvendo idéias ruins. Porém, esse tempo perdido será mais do que compensado pelo valor criado em crescimento pessoal e em grandes soluções.

Defensores das Novas Idéias

Nomeie um membro da sua equipe para defender as novas idéias. Encarregue-o de argumentar a favor das idéias novas que forem apresentadas. Isso impedirá que ele pareça ridículo e perca credibilidade se as idéias derem errado. Você vai continuar descartando a maioria das idéias novas, mas pelo menos elas terão um julgamento justo. Nem todas as idéias precisam sobreviver, mas todas têm de ter uma oportunidade.

O ideal é que o defensor seja um dos membros mais influentes do grupo, como o chefe, por exemplo. As novas idéias precisam de defensores fortes. A inovação vigora quando é o rei que patrocina os inovadores. A revolução de Lutero nunca teria acontecido sem o forte apoio dos príncipes locais; não importa que a motivação deles fosse mais econômica do que religiosa. É preciso que uma pessoa poderosa proteja os inovadores e impeça que eles tenham as cabeças cortadas.

É essencial, além disso, ter a mente aberta. O defensor de idéias deve lembrar-se regularmente de que boa parte das melhores idéias de todos os tempos foram inicialmente rejeitadas como impraticáveis, idiotas ou ridículas. Os defensores de idéias também podem ser os advogados do diabo, embora os primeiros precisem ter mais influência para cumprir plenamente sua função.

Levante Barreiras de Proteção

Para proteger as novas idéias em seu estágio incipiente, separe-as das atividades tradicionais da empresa. Einstein teve inúmeras dificuldades para se encaixar nas universidades, até o momento em que se tornou um astro da ciência e ganhou liberdade para fazer o que bem entendesse. Criou suas maiores inovações nos tempos em que esteve isolado das opiniões e críticas dos seus colegas pesquisadores. Você pode dar esse mesmo benefício aos seus inovadores.

Promova sessões de criação fora da empresa ou dê uma licença aos criadores da nova idéia para que eles tenham a oportunidade de desenvolvê-la antes que as pressões do tempo e do pensamento tradicional a esmaguem. Se uma idéia parece promissora, traga-a de volta ao local de trabalho, sem deixar de oferecer-lhe uma proteção física a mais. Dê tempo e espaço aos participantes para que possam trabalhar no projeto até que ele se viabilize.

Às vezes, basta ignorar os "projetos paralelos" para proteger o pensamento inovador dentro da empresa. Se uma pessoa inovadora se apropria de alguns minutos aqui e ali para trabalhar numa idéia, concorde. Mas, de um modo ou de outro, garanta proteção às idéias inovadoras até que sejam capazes de andar com as próprias pernas.

Como Resolver Conflitos

O Pensamento Einsteiniano não vai florescer se as novas idéias forem sempre mortas pelo pensamento tacanho quando os dois lados entrarem em conflito. Nem as melhores inovações conseguem atender plenamente às regras vigentes. Basta que os dois conceitos entrem em conflito para que a inovação termine na lata do lixo. É preciso dar oportunidade para que as novas idéias cresçam. Quando uma idéia nova entrar em conflito com as idéias antigas, experimente uma das técnicas a seguir para dar uma chance à solução-bebê.

Pontos em Comum: Preste atenção somente aos pontos em comum, não às diferenças. Os dois lados já conhecem os pontos conflitantes de cor e salteado. Faça-os trabalhar juntos para elaborar uma lista de todos os pontos em que concordam. Evite outros conflitos. Só ponha um item na lista se ambos os lados estiverem de acordo.

Aumente o Número de Participantes: Muitas vezes, as novas idéias são rejeitadas porque não encontram apoio suficiente no contexto mais imediato da empresa. Tente inserir na situação novos "partidos" cujos interesses e necessidades permitam e que as soluções nova e antiga coexistam. Muitas vezes, quando é impossível chegar a um acordo bilateral, é possível fazer um acordo a três. Para identificar novos partidos em potencial, faça uma lista de tudo o que cada um dos lados oferece mas o outro partido rejeita. Faça outra lista, desta vez das coisas necessárias, mas que nenhum dos lados oferece. As duas listas são uma descrição do terceiro partido ideal.

Limite os seus Objetivos: Se o conflito entre as idéias novas e antigas parece grande demais para ser resolvido, tente resolvê-lo somente em parte. Faça uma lista de todos os pontos de embate e escolha de um a três pontos que podem ser resolvidos independentemente. A resolução de parte do conflito vai contribuir com força e confiança para que se chegue a uma solução mais completa.

Comece de Novo: Às vezes, o conflito se torna complexo demais, os sentimentos se exaltam e os dois partidos caem numa inflexibilidade demasiada, o que impede que as pessoas envolvidas encontrem uma solução. Tente começar de novo, formulando somente o problema original da forma mais simples possível. Não será fácil jogar fora toda a bagagem que se acumulou; mas, se você conseguir reduzir o problema a uma única frase bem sucinta, terá uma chance.

Como Lidar Sensatamente com os Hereges

"O homem não tem ouvidos para aquilo a que a experiência não lhe deu acesso."

— FRIEDRICH NIETZSCHE

Em qualquer empresa, o pensamento inovador manifesta-se na direta proporção do modo pelo qual as más idéias são recebidas. Se as más idéias forem rejeitadas de cara, as novas idéias serão poucas. Se as más idéias forem julgadas com justiça, as pessoas vão inovar. Se as más idéias forem reconhecidas como esforços importantes, sua empresa será inundada de idéias inovadoras. Dentre essas idéias, há umas poucas de valor inestimável. As empresas precisam lidar cuidadosamente com seus hereges para garantir um fluxo constante de idéias inovadoras.

Provavelmente, Einstein não era uma pessoa de fácil convivência. Em tudo o que dizia respeito à ciência, ele fazia exatamente o que queria ou esperava até que pudesse fazê-lo. As empresas não podem se dar ao luxo de ter muitas pessoas trabalhando desse modo. Por isso, é importante criar um ambiente que dê apoio ao gênio herético sem acarretar com isso o caos organizativo absoluto. Eis algumas idéias para contentar os inovadores sem abrir mão de uma certa ordem.

Reconheça e Recompense as Más Idéias

Reconheça a coragem das pessoas que defendem soluções novas que não funcionam ou que você pessoalmente não busca desenvolver. As idéias radicais e não tradicionais nem sempre são boas, mas, quando são, os benefícios são enormes. Corra esse risco e estimule até mesmo as más idéias, para não perder as boas. Você pode premiar o herege com um prêmio simbólico chamado "Queimado na Fogueira". Reconheça que ele se arriscou muito para defender uma idéia nova e que, embora você tenha optado por não levá-la adiante, gostaria de ver mais pensamentos expansivos desse tipo no futuro. Essa estratégia dá aos pensadores inteligentes o crédito que tanto buscam e garante que eles farão de tudo para transgredir as regras de novo.

Preserve as Idéias Rejeitadas

Você não pode levar adiante todas as opções, sobretudo quando consegue gerar muitas idéias em estado bruto. Porém, mesmo que uma idéia não seja desenvolvida, faça o possível para preservá-la. Os Cris-Conceitos são valiosíssimos. Se você não puder levar a idéia a cabo, peça aos defensores dela que continuem em busca de oportunidades para pô-la em prática. Eles ficarão contentes e sentir-se-ão estimulados a criar idéias novas. Se você tiver de descartar uma idéia, escreva-a numa ficha de oito por doze e arquive a ficha. Encoraje o criador, mostrando-lhe que seus esforços não foram desperdiçados. Talvez convenha manter o arquivo de idéias descartadas na sua sala de reuniões, para proporcionar matéria-prima para idéias futuras.

Como Fazer Valer o Pensamento Einsteiniano

"Nada, nem todos os exércitos do mundo, podem fazer parar uma idéia cujo tempo chegou."

— VICTOR HUGO

Quer você esteja transgredindo as regras, quer queira apenas estimular as boas idéias, admita que em todas as empresas há um preconceito contra o pensamento inovador. Você tem de impedir o infanticídio de idéias e satisfazer os inovadores mesmo quando as idéias deles não puderem ser levadas a cabo. Você não precisa de mártires, mas de soluções. Mantenha essas mentes criativas trabalhando para você.

Capítulo Onze

O Pensamento Einsteiniano no Dia-a-Dia

> "O importante é não parar de fazer perguntas."
>
> — ALBERT EINSTEIN

O Pensamento Einsteiniano e os Pequenos Problemas

Temos usado o Pensamento Einsteiniano para resolver problemas graves e difíceis, que exigem uma grande concentração do pensamento e muitas horas de trabalho. Porém, o Pensamento Einsteiniano também funciona para a resolução de problemas menores, problemas do dia-a-dia. O segredo da aplicação do Pensamento Einsteiniano aos problemas pequenos está em identificar e transgredir a regra que torna o problema tão aborrecido. Experimente uma das quatro técnicas apresentadas abaixo. Elas se baseiam nas técnicas de transgressão de regras que aprendemos há alguns capítulos.

Faça o Que Você Quer

Você tem um problema que o aborrece. Provavelmente, não o está resolvendo do jeito que gostaria por causa de uma regra que lhe parece inviolável. Viole essa regra e faça o que você quer fazer!

Durante a batalha de Copenhagen, Horatio Nelson ignorou uma ordem do seu comandante. Quando este ordenou a retirada, Nelson levou o telescópio ao olho cego. Como não viu ordem alguma, foi em frente, fez o que queria e obteve grande sucesso. Por isso, justifique-o como bem entender, mas vá em frente e faça o que você quer fazer!

Não Faça Nada

Se você acha que tem de resolver um probleminha que o aborrece, a regra oposta seria a seguinte: não faça nada. Crie uma nova regra que diz: "Este problema não será resolvido." E ponto final!

Certa vez, a *Scientific American* organizou um concurso para premiar a melhor explicação da teoria da relatividade de Einstein em três mil palavras ou menos. Einstein disse: "No meu círculo de amigos, sou o único que não vai participar. Não sei se conseguiria fazer o que eles pedem." Para Einstein, o problema do concurso simplesmente deixou de existir.

Delegue

A maneira mais fácil de resolver um problema pequeno consiste em delegá-lo a outra pessoa. O problema se resolve, mas você não se preocupa com o assunto. Assim, você contorna a regra.

Por acaso há alguém que deveria lhe ajudar e não está ajudando? Delegue a ele a resolução do problema. Há alguém que gostaria de enfrentar o desafio e a responsabilidade de resolver um problema que você não acha interessante? Delegue a esse alguém a resolução do problema. Ou senão, talvez haja alguém que também quer que o problema seja resolvido. Ofereça-se para ajudá-lo se ele cuidar do problema. O negócio será vantajoso para vocês dois.

O que _______ Faria?

No capítulo sobre a transgressão das regras, fizemos um exercício no qual uma pessoa altamente competente, como o Agente 007, tinha de resolver o nosso problema. O exercício tinha por meta desenvolver a atitude apropriada para transgredir as regras, mas também é excelente para se lidar com problemas de pequena monta. Escolha como modelo uma pessoa que resolve com desenvoltura os problemas que tem. Quando você tiver um probleminha aborrecido, pergunte-se o que o seu modelo faria. Aja como ele agiria. À medida que você for desenvolvendo essa atitude, verá que ela é uma maneira excelente de resolver pequenos problemas. Só não saia dando tiros em alguém!

AVISO AOS TRANSGRESSORES

"O que você fizer será insignificante, mas é muito importante que você o faça."

— MAHATMA GANDHI

É impossível usar o Pensamento Einsteiniano e transgredir regras para resolver um problema sem correr algum tipo de risco. Einstein, em sua vida pessoal, transgredia as regras a seu bel-prazer, causando aos outros muito sofrimento. Fazia exatamente o que queria. Tinha muita dificuldade para reconhecer a existência de limitações. Se o que ele tinha a fazer era difícil, ele o fazia mesmo assim. Se era nobre mas perigoso, ele o fazia. Se feria os sentimentos alheios, ele o fazia. Simplesmente não deixava que as regras ficassem no seu caminho. Porém, há regras como a cortesia, a consideração e a bondade que não devem ser transgredidas por qualquer motivo. É possível que, no fim, sejam elas as melhores de todas as soluções.

A Prática do Pensamento Einsteiniano

"Não basta possuir um intelecto vigoroso; o primeiro requisito é aplicá-lo corretamente."

— RENÉ DESCARTES

O Pensamento Einsteiniano era natural para Albert Einstein. Ele percebeu que tinha de barbear-se com muito cuidado, pois sempre tinha boas idéias durante o barbear e, no entusiasmo, se cortava. Todos nós podemos ser criativos como ele; a única diferença é que talvez tenhamos de nos esforçar um pouco mais. Felizmente, há algumas maneiras bem simples de criar o hábito de pensar como Einstein. A prática, as mudanças e as ferramentas podem ajudar você a pensar como ele com mais facilidade e melhores efeitos.

Certa vez, perguntaram a Isaac Newton como ele fora capaz de fazer tantas grandes descobertas. Respondeu: "Pensando sempre sobre elas." Trata-se de um bom conselho para todos os solucionadores de problemas. Como todas as coisas, sua capacidade de transgredir as regras e sair dos padrões melhora com a prática. Quanto mais você pratica, tanto mais fáceis se tornam essas coisas. Incorpore à sua rotina diária pelo menos um dos exercícios simples apresentados a seguir. Use-os para a prática de pensar como Einstein.

Problemas Já Resolvidos

"Poucos são os que vêem com os próprios olhos e sentem com o próprio coração."

— ALBERT EINSTEIN

Resolver problemas que já têm solução é uma excelente prática de Pensamento Einsteiniano. Pegue algo que você costuma fazer — lavar o carro, por exemplo. Tente resolver de novo esse problema comum pensando como Einstein. Talvez você conclua que uma boa esfregada com uma camurça seca dá um acabamento excelente, que é, na verdade, a razão pela qual você lava o carro. Ampliando seus pensamentos, pode chegar à conclusão de que lavar o carro é uma excelente solução para meninos que reclamam de não ter nada para fazer exceto assistir à TV. Pode até decidir-se a mudar para Seattle, uma vez que a mudança além de atender a uma necessidade de ordem superior, diminui a necessidade de você lavar o carro.

Passe por todas as etapas do Pensamento Einsteiniano para criar uma solução. Defina o problema, gere novas idéias, transgrida as regras e faça crescer a solução. Este exercício pode ser muito mais do que uma simples prática. Os problemas se resolvem quando existe uma necessidade. Pode ser que ninguém tenha pensado seriamente nesse problema por muito tempo. Não havia necessidade, pois o problema já tem uma solução. Porém, a verdade é que provavelmente existe uma solução muitíssimo superior. Você pode encontrar essa solução — basta transgredir as regras.

Perguntas Idiotas

"Os computadores são inúteis. Só servem para dar respostas."

— PABLO PICASSO

As perguntas idiotas são um meio excelente para encontrar regras que precisam ser transgredidas. Confúcio percebeu que muitos discípulos seus tinham medo de fazer perguntas por medo de revelar a própria ignorância. Ensinou então a seus discípulos: "O conhecimento pelo conhecimento, a ignorância pela ignorância, tudo é conhecimento." A compreensão de que se é ignorante também é um conhecimento. Se você não sabe, pergunte. A única verdadeira ignorância está em crer que já se sabe o suficiente.

Para encontrar mais respostas, faça mais perguntas. Peça esclarecimentos a cada vez que você não compreender algo. Faça perguntas estúpidas. Questione todas as coisas. Sonde e procure descobrir os verdadeiros motivos que estão por trás das explicações oficiais. As perguntas idiotas são, às vezes, especialmente sábias. Chegam ao âmago dos pressupostos inquestionáveis que podem ser a própria causa do problema.

Se o seu relógio de pulso tiver alarme, programe-o para disparar à mesma hora todos os dias. Formule pelo menos uma pergunta idiota, de preferência bastante indiscreta, antes de o alarme disparar. A pergunta verdadeiramente idiota é a que nunca é formulada.

Os Dados de Einstein

"Deus não joga dados com o universo."

— ALBERT EINSTEIN

Quer Deus jogue dados com o universo, quer não, o lançamento aleatório dos dados pode ajudar você a pensar um pouco mais como Einstein.

Os dados são objetos pequenos, baratos e portáteis. São maravilhosamente aleatórios. Quando você for pensar sobre um problema, jogue o dado e use uma técnica do Pensamento Einsteiniano, como na Figura 11.1.

Há muitas maneiras de usar os dados para sair de uma rotina de regras. Em vez de procurar desenvolver a sua solução principal, bole seis alternativas e escolha uma usando um dado. Ou senão simplesmente incorpore à sua solução o número que você tirar. Deixe os dados na mesa para lembrá-lo de pensar com audácia. O ato físico de jogar os dados vai preparar sua mente para começar a transgredir as regras a vai ajudar você a não deixar que a própria atividade de transgredir as regras caia numa rotina.

Dados	Ação
1	Melhorar a definição do problema e da solução
2	Sugerir uma solução experimental ou fazer uma experiência
3	Aumentar a motivação
4	Identificar uma regra
5	Sair de um padrão
6	Transgredir uma regra

Figura 11.1: Os Dados de Einstein

Dirigir

"A curiosidade tem os seus próprios motivos para existir."

— ALBERT EINSTEIN

Pratique o Pensamento Einsteiniano enquanto vai de casa para o trabalho. Escolha um problema da sua lista de problemas para resolvê-lo durante a ida. Para estimular o pensamento criativo, incorpore à solução as letras e os números da placa do carro que está à sua frente. As placas de carro são maravilhosas sementes de idéias, e assim você tem tempo para pensar sem tirar os olhos da rua. Se você precisa de um tema inteligente para uma vitrina e está atrás de um carro que tem um *L* na placa, crie soluções cujos nomes comecem com *L*. Sua vitrina pode ter como tema o Museu do Louvre, com uma réplica da Mona Lisa; ou você pode usar o riso* para atrair multidões. A figura de um laboratório pode dar ênfase ao caráter científico do produto que você quer mostrar, ou talvez um tema da festa Cajun, da Louisiana, chame mais a atenção. Use uma idéia-semente tirada de uma placa de carro para sair dos seus velhos padrões de pensamento.

---

* *laughter*, em inglês. (N. do T.)

MUDANÇA

"Fanático é aquele que não muda de idéia e se recusa a mudar de assunto."

— WINSTON CHURCHILL

O Pensamento Einsteiniano se torna natural quando você abre a sua mente a várias alternativas. A mudança, qualquer tipo de mudança, tem o poder de acostumar você às alternativas. Se você não gosta de mudar as coisas, é um candidato preferencial ao uso da mudança para aumentar sua capacidade de resolver problemas.

Mude a sua rotina para abrir-se a novos padrões de pensamento. Cada um dos elementos da sua rotina diária afeta esses padrões. A mudança obriga você a sair das estradas batidas e facilita a alteração do pensamento em vista da resolução de um problema difícil. Se você geralmente começa a trabalhar às sete horas da manhã, comece às nove quando tiver um problema difícil para resolver. Use as duas horas tiradas do trabalho para fazer exercícios, ler ou tomar um gostoso café da manhã num restaurante. Fuja da rotina usual. Depois, na meia hora anterior à hora de começar a trabalhar, gere idéias para resolver o problema.

Material de Leitura

"O homem que lê demais e usa de menos o cérebro cai num hábito preguiçoso de pensamento."

— ALBERT EINSTEIN

As pessoas tendem a ler coisas que reforçam suas rotinas de pensamento. Escolha deliberadamente alguns livros e revistas que de hábito você não leria. Pegue uma revista de navegação, folheie uma revista de moda, leia um livro sobre biologia ou pintura renascentista. Alimente o seu cérebro com uma dieta variada e equilibrada. Use a leitura para questionar seu modo de pensar. Considere novas maneiras de ver o mundo — uma visão de mundo centrada no esporte da patinação, por exemplo. Se você é incapaz de tolerar um ponto de vista diferente, enquanto folheia uma revista, terá muita dificuldade para considerar uma solução inusitada para resolver um problema grave. Use a leitura para fazer crescer sua capacidade de pensar como Einstein.

Mudanças no Lazer

"A ciência é uma coisa maravilhosa, desde que você não tenha de ganhar a vida com ela."

— ALBERT EINSTEIN

É fácil introduzir mudanças radicais nas atividades de lazer. Uma mudança de carreira, de casa ou de círculo de amigos é coisa séria, mas não há nada que impeça você de mudar suas diversões neste fim de semana. Por isso, por que não agitar um pouco a vida? Encontre, na lista da Figura 11.2, a sua atividade de lazer predileta. Quando você for se divertir com essa atividade, substitua-a pela atividade que a precede ou sucede na lista. Tente fazer algo novo. Dê ao seu cérebro um novo conjunto de problemas para resolver. Encontre pessoas desconhecidas. Coloque-se num outro ambiente. Certamente, você crescerá um pouco.

Arte

"Se eu não fosse físico, provavelmente seria músico."

— ALBERT EINSTEIN

A atividade artística é um meio ótimo para melhorar sua capacidade criativa. É a academia do cérebro, onde este se exercita para ganhar força para criar. Einstein gostava muito de tocar violino. O instrumento proporcionava-lhe um desafio mental relaxante, com regras e limites diferentes daqueles com que ele estava habituado. Não há motivo algum pelo qual você não deva exercitar sua criatividade por meio da arte, mesmo que ache que não tem talento.

A falta de habilidade é um bom motivo para não se meter a fazer uma cirurgia, mas não para não criar obras de arte. A arte é um meio maravilhoso de liberar a criatividade. Crie uma coisa nova. Desenhe, componha uma canção. Seja audacioso e inovador. Mesmo que o resultado não fique perfeito, ninguém vai morrer, nenhum prédio vai cair, nenhuma empresa vai falir. E você terá incorporado um pouco de audácia criativa ao seu pensamento.

Mudança de Carreira

"O trabalho consiste em tudo o que um corpo é obrigado a fazer.
A diversão consiste em tudo o que o corpo não é obrigado a fazer."

— MARK TWAIN

Uma mudança de carreira é mais drástica do que uma mudança nas atividades de lazer. Entretanto, muita gente descobriu a própria criatividade depois de mudar para um novo campo de trabalho. O próprio Einstein mudou de carreira: deixou de ser físico e tornou-se estadista e ativista pela paz. A mudança apresentou-lhe todo um novo conjunto de desafios, dos quais ele mostrou estar à altura.

Assistir à televisão	Ir a um *show* de *rock*
Esqui aquático	Assistir a um filme europeu ou asiático
Andar sobre as pedras	Reclamar da vida
Clubes de comédia	Comer
Jogar golfe	Trabalhar até tarde
hang-glider	Provar vinhos
Jantar fora	Ler
Salto de esqui	Nadar
Esculpir	Jogar a dinheiro
Ver as pessoas	Mistérios
Bares para solteiros	Mergulho livre
Velejar	Pára-quedismo
Pesquisar a cura do câncer	Beisebol
Saltos ornamentais	Boliche
Mergulho com tanque de ar	Mostrar-se para os outros
Assistir a um concerto sinfônico	Ler revistas
Jardinagem	Caminhar pelo mato
Corrida de automóveis	Escrever um romance
Levantar fundos para um político	Festinhas íntimas
Frescobol	Pescar
Andar de bicicleta	Dançar
Observar os astros	Exposição de arte
Ficar rico	Festas grandes
Andar a cavalo	Origami
Dardos	Instrumentos musicais
Assistir a competições esportivas	Reformar a casa
Fazer compras	Acampar
Mountain bike	Elevar a consciência
Espionagem	Damas
Levantamento de peso	Lembrar-se do passado
Basquete	Correr
Escalar paredão de rocha	Ir à ópera
Escrever num diário	Pregar uma peça em alguém
Empinar pipa	Observar pássaros
Cozinhar	Esquiar na neve
Colecionar selos	Ler romances
Windsurfe	Tomar banho de sol
Explorar cavernas	Ouvir música de câmara
Jogar "Banco Imobiliário"	Surfar
Patins de rodas	Tirar uma boa soneca
Andar de moto	Canoagem
Desenhar	Balonismo
Jogar xadrez	Jogar cartas
Protestos organizados	Jogar *squash*
Pintar	Falar ao telefone
Ir ao cinema	Visitar lugares históricos
Rali	Beber
Fazer castelos de areia	Colecionar plantas
Tirar imagens de placas de bronze	Colecionar autógrafos
Jogar tênis	

Figura 11.2: Mudanças no Lazer

A mistura da agricultura, da engenharia, da ciência, da política, da religião e da arte produziu alguns dos maiores intelectos que o mundo já conheceu, como Jefferson e da Vinci. Mudando o foco da sua carreira, você aumenta a sua capacidade de transgredir as regras.

Nesta era de especialização, a mudança de carreira apresenta desafios inauditos. Nós partimos do pressuposto de que, para fazer uma contribuição significativa, temos de ter tido anos e anos de formação e experiência num determinado campo. Em outras palavras, temos de estar profundamente inseridos numa rotina batidíssima de pensamento. Eu sei que é difícil fazer algo fora do campo a que estamos acostumados, mas não é impossível. O físico Richard Feynman, ganhador do Prêmio Nobel, passou muitos verões fazendo pesquisas em biologia, que não era nem de longe a sua área de especialização. Entretanto, a mudança de perspectiva ajudou Feynman a manter a mente afiada, tirando-o dos caminhos batidos e já trilhados.

Você pode proporcionar a si mesmo uma variedade intelectual semelhante. Passe algumas horas trabalhando num problema pertencente a outro campo. Encontre uma pessoa inteligente que faz algo muito diferente do que você faz. Peça-lhe que lhe explique o problema fundamental que está enfrentando no momento. Compreenda detalhadamente o problema e resolva-o. Com isso, os padrões em sua cabeça se abalarão. Pode ser que você queira contar ao seu amigo a solução que obteve. Mesmo que tenha tido uma grande idéia, ele provavelmente vai dar risada da sua ingenuidade. "As coisas não são feitas desse modo!" Veja só como os hábitos mentais estão limitando o pensamento dele.

Se você já tiver dado tudo o que tinha para dar no seu atual campo de atividades, a mudança de carreira pode ocasionar uma explosão de criatividade. Os espetaculares afrescos que Miquelângelo pintou na Capela Sistina são um bom exemplo desse fato. Miquelângelo passou a maior parte de sua carreira trabalhando como escultor. Sua experiência em escultura não foi uma deficiência, mas, pelo contrário, ajudou-o a criar os afrescos mais famosos do mundo.

O desafio de dominar um campo novo aumenta a capacidade de resolver problemas. É mais fácil reconhecer alternativas quando você tem familiaridade com as técnicas de muitos campos de atividade.

Ferramentas para o Pensamento

"Dai-me uma alavanca e eu moverei o mundo."

— ARQUIMEDES

Arquimedes se gabava de que, se você lhe desse uma alavanca bem grande e um bom ponto de apoio, ele poderia mover a Terra. Hoje em dia, já temos plena consciência do quanto as ferramentas físicas podem "alavancar" nossas atividades. Há poucas tarefas físicas de monta que tentaríamos empreender sem a ajuda de ferramentas poderosas. Por outro lado, nós não hesitamos em atacar de mãos vazias os mais complexos problemas mentais. Para encontrar suas soluções, tente usar uma ferramenta, como um caderno de anotações ou um gravador.

Ferramentas de Captação

"É melhor conhecer algumas perguntas do que todas as respostas."

— JAMES THURBER

As ferramentas do pensamento são de dois tipos diferentes. As do primeiro tipo captam as idéias no momento da criação. Uma idéia gera novas idéias. Quando você perde uma inspiração, perde não somente essa idéia como também todas as outras que ela poderia ter criado para você. Capte todos os conceitos que você bolar. Se conseguir prender e pôr a seu uso alguns dos pensamentos que tem todos os dias, eles vão gerar muitas outras idéias úteis.

Caderno de Anotações

Muitos grandes pensadores tinham seus cadernos de anotações. Esses cadernos são perfeitos para captar idéias novas e incompletas. Proporcionam um registro de pensamentos que podem ser revistos e complementados. É especialmente importante captar as idéias que não se encaixam no quadro usual do seu pensamento. Elas podem desaparecer facilmente, pois não há um contexto onde elas caibam. Para ser lembradas, têm de ser anotadas.

Se você estiver com falta de boas idéias, dê uma olhada no seu caderno de anotações. Os antigos Cris-Conceitos podem servir-lhe de inspiração. A lembrança das idéias anteriores, tanto boas quanto más, abrirá o caminho para que você entre nas áreas mais criativas do seu cérebro.

Gravador

Nem sempre é prático anotar as idéias num caderno. Leve consigo um pequeno gravador para captar seus pensamentos quando você não conseguir escrevê-los. Os gravadores, especialmente os de microcassete, facilitam imensamente o trabalho de tomar notas dirigindo o carro, deitado na cama ou de pé numa fila. Esses momentos, em que sua mente fica livre para viajar, representam férteis oportunidades para o pensamento criativo. Aproveite-os ao máximo, registrando suas idéias.

As idéias são semelhantes ao poema incompleto de Wordsworth intitulado "Xanadu". Wordsworth teve um sonho, acordou e começou a registrar o sonho sob a forma de um poema. Porém, foi interrompido antes que pudesse terminar. Mais tarde, não conseguiu se lembrar do sonho nem soube como terminar o poema — uma infelicidade, pois o poema é um de seus melhores. Provavelmente, você já teve muitas idéias boas que perdeu porque não conseguiu registrá-las.

Mesmo que depois você apague a fita, o fato é que seu processo de pensamento se fortalece quando você verbaliza a idéia. Use a fita gravada para estimular outras idéias quando você estiver dirigindo. Coloque para tocar no rádio do carro a fita que contém os seus pensamentos. Ao ouvi-los, os conceitos que você gravou serão fortalecidos e você terá também idéias novas e complementares.

O gravador também é útil para captar todos os pensamentos mundanos que tendem a obstruir nosso intelecto. Se você vive tendo de lembrar a você mesmo de buscar a roupa na lavanderia, simplesmente grave uma nota de que precisa fazer isso. Depois, volte a se concentrar no problema que o ocupa.

Imagens Mentais

Não é sempre que você terá em mãos um gravador ou um caderno de anotações; por isso, domine este precioso truque de memória. Aprenda a criar imagens cômicas na sua mente. Nossa mente tem uma capacidade incrível de se lembrar de imagens. Mesmo que você seja incapaz de lembrar o telefone do seu irmão, será capaz de armazenar imagens suficientes para abarrotar um computador. Quando tiver uma idéia e não puder registrá-la, visualize-a sob a forma de uma imagem. Se você pensar, por exemplo, que pode eliminar dois parafusos do projeto de um produto, imagine-se pondo pela porta afora um par de parafusos gigantes, ao mesmo tempo que uma chuva de dinheiro cai do céu sobre a sua pessoa. Torne a imagem memorável: exagere as características principais ou deixe a ação ridícula. Você verá que, desse modo, será fácil se lembrar da idéia até ter condições de registrá-la.

Ferramentas de Criação

"Um lápis embotado vale mais do que duas mentes afiadíssimas."

— DESCONHECIDO

O segundo tipo de ferramenta de pensamento serve para ajudar você a criar idéias. Aumentam a capacidade natural de resolução de problemas, na medida em que permitem que os conceitos se apresentem de maneira diferente. As ferramentas constituem instrumentos poderosos para pensar como Einstein.

Papel em Branco

Folhas grandes de papel em branco funcionam como ímãs para as idéias. Quando as idéias têm para onde ir, parecem nascer do nada. O computador pode lhe dar um registro mais limpo, mas os grandes pensamentos nem sempre são bonitinhos. O papel em branco, especialmente em folhas bem grandes, inspira as idéias imaginativas. Tenha sempre muito papel em branco à sua disposição. Caso contrário, a falta de papel pode inibir a sua produção de idéias.

Canetas Coloridas

Os problemas difíceis não se apresentam em preto e branco e, por isso, você não deve pensar sobre eles em preto e branco. Cores fortes e brilhantes estimulam o surgimento de idéias fortes e brilhantes. Tenha sempre canetas coloridas ao seu lado e use-as quando estiver pensando.

Música

A música estimula os centros criativos do cérebro. Tente pôr para tocar uma peça escolhida toda vez que for trabalhar no seu problema-alvo. A música o ajudará a se lembrar de idéias que você teve na última vez em que trabalhou com o problema. Eis algumas das minhas peças de escol para o pensamento criativo:

- O Cânon em Ré de Pachelbel
- O Concerto de Brandemburgo Número 2, de Bach
- "Dafne e Cloé", de Ravel
- "Clair de Lune", de Debussy

Não-Lista

A maioria das pessoas, quando pensa sobre um problema, faz uma lista. Para inspirar pensamentos novos, faça uma não-lista. Há muitos tipos de não-listas. Desenhe uma figura do problema. Se o seu banco — um banco local — está enfrentando a forte concorrência de um grande banco nacional, faça um desenho da situação. Use caricaturas ou metáforas para representar os elementos do problema. Você pode desenhar um monstro enorme devastando as ruas da sua cidade e arrancando as pessoas de suas casas. Ou pode desenhar uma legião de zumbis saindo em marcha do banco rival. As imagens humorísticas são veículos especialmente poderosos para tirar você dos seus arraigados hábitos mentais.

Você pode também criar um mapa do problema. Os mapas de idéias englobam os elementos de uma situação e estabelecem ligações entre eles. Para criar um mapa ideal do problema da concorrência entre o banco local e banco maior, faça um desenho dos fluxos de dinheiro na sua cidade. Represente as fontes das grandes folhas de pagamento e dos grandes depósitos. Mostre para onde vai o dinheiro do seu banco e do banco rival. Se conseguir acrescentar ainda os desertos, os castelos, as montanhas e os pântanos do problema, sua criatividade ficará ainda mais inspirada. Os mapas dão excelente utilidade às folhas de papel em branco e às canetas coloridas.

Você pode desenhar os formulários circulares do Pensamento Einsteiniano para saber exatamente em que fase está do processo de sair dos padrões e transgredir as regras. Use flechinhas para ligar as etapas e as idéias. Não deixe de identificar e transgredir as regras fundamentais.

Caixas de Problemas

As não-listas não precisam ser feitas em papel. Monte uma caixa do problema: junte, numa caixa, um monte de objetos que têm relação com seu problema. Manipule os objetos, cheire-os, ouça o barulho que eles fazem, ponha-os na boca e sinta o gosto deles. Isso fará com que partes diferentes do seu cérebro se voltem para o problema.

Padrões

O ato de olhar para padrões visuais complexos estimula o hemisfério direito do cérebro e pode animar a criatividade. Simplesmente olhe para um padrão gráfico complexo ou para uma figura. Seu cérebro vai identificar as relações espaciais e, com isso, vai ativar novos conjuntos de caminhos neuronais. Esses novos caminhos também se voltarão para trabalhar sobre o seu problema-alvo.

Lista Telefônica

No Capítulo Oito, "Como Deixar a Solução Crescer", falamos sobre a importância do sexo cerebral para o desenvolvimento de soluções amadurecidas. O ato de discutir um problema ou uma solução com outra pessoa realmente ajuda. Tenha à mão uma "lista telefônica" dos amigos que se dispõem a discutir idéias com você. Quando estiver precisando de um pouco de inspiração criativa, ligue para um desses amigos.

Conclusão

Nossa mente é uma maravilha. Tem uma capacidade quase ilimitada de criação e concepção. Nem todos nós somos iguais a Einstein, mas estamos mais próximos da genialidade do que pensamos habitualmente. É a falta de vontade de dar livre curso à imaginação que nos agrilhoa o pensamento. Porém, com um pouquinho de esforço consciente, podemos nos aproximar da plena realização do nosso potencial. Se nos lembrarmos de transgredir as regras, todos nós podemos pensar como Einstein.

Apêndice A

Os Formulários do Pensamento Einsteiniano

> "Nem todas as coisas que importam podem ser contadas, e nem todas as coisas que podem ser contadas importam."
>
> — ALBERT EINSTEIN

Na época da Renascença, os comerciantes das cidades-estado italianas expandiram suas operações e constituíram impérios comerciais gigantescos. Não era fácil acumular informações para tomar decisões relativas aos negócios. As comunicações eram precárias, as transações levavam vários meses e ninguém conseguia captar com precisão as mutáveis tendências que poderiam conduzir à riqueza ou à ruína.

Um homem chamado Leonardo Fibonnachi mudou tudo isso. Havia sido criado no Norte da África, onde aprendera dos árabes o sistema de contadoria por partida dobrada. Levou esses métodos à Itália renascentista, onde foram adotados por quase todos. Com o sistema de diários, livros-razão e sumários, as diversas transações isoladas podiam ser associadas de modo a sugerir tendências. A partida dobrada deu aos negociantes do Renascimento um meio de resumir a amplitude e a complexidade de suas transações. Com um sumário histórico conciso, era muito mais fácil adquirir as informações necessárias à tomada de decisões e fazer fortuna.

O caso de Fibonnachi nos ensina pelo menos duas coisas. Em primeiro lugar, é bom emprestar idéias alheias. Em segundo lugar, é bom manter registros das coisas. O Pensamento Einsteiniano também é um processo amplo e complexo. Sem uma forma de registro que mantenha você no caminho, será fácil cair de novo em antigos hábitos de pensamento.

Use estes formulários para garantir a produtividade do seu pensamento quando você renegar a sua rotina mental. Eles o ajudarão a definir o problema, sair dos antigos padrões de pensamento, transgredir as regras e fazer crescer verdadeiras soluções.

O Problema Certo

Lista de Problemas

Ponha numa lista todos os problemas que têm de ser resolvidos. Muitas vezes, para ter a inspiração de uma solução, basta identificar o problema. A maioria dos problemas deixa de ser resolvida por falta de ação, não por falta de opções.

Problema	Por que Ele TEM de Ser Resolvido	Próximo Passo

Problemas Férteis

Para obter uma boa solução, é preciso ter um bom problema. Defina o problema que você vai resolver pelo Pensamento Einsteiniano.

Definição Inicial do Problema (vinte e cinco palavras ou menos)	
Hierarquia dos Problemas *Necessidades de primeira ordem* *Será este o verdadeiro problema?* *Subproblemas*	
Ignore as Limitações *A falta de dinheiro é uma limitação?* *O egocentrismo de alguém é uma limitação?* *O medo é uma limitação?* *A falta de conhecimento é uma limitação?* *A burocracia é uma limitação?* *A falta de habilidade é uma limitação?* *A falta de tempo é uma limitação?* *A falta de educação formal ou de credenciais são limitações?* *A falta de compromisso é uma limitação?* *As atitudes das pessoas são uma limitação?*	
Ignore as Respostas Antigas *Liste e depois ignore as três principais soluções atuais para o problema.*	1. 2. 3.
Simplificação *Defina uma versão mais simples do problema.*	

Você vai precisar de uma boa motivação para encontrar uma boa solução. Crie incentivos suficientes para resolver seu problema.

Cenouras *O que a solução vai criar de bom?*	
Porretes *O que acontecerá se não houver solução?*	
Dimensão *Diminua ou aumente o problema para incitar à ação*	
O problema é estimulante?	

A Definição do Problema

Defina o problema que você vai trabalhar para resolver.

Definição do Problema	

Lista de Idéias

Crie tantas idéias quantas você for capaz. Quanto mais idéias você criar, tanto maior será a qualidade delas. Anote todas as idéias que teve para a solução, mesmo as más idéias. Também as más idéias, ou Cris-Conceitos, podem ser úteis. Servirão para catalisar ainda mais idéias.

Idéia	Razões pelas Quais a Idéia Vai Funcionar	Razões pelas Quais a Idéia Não Vai Funcionar

Como Sair dos Padrões

Idéias-Semente

Use múltiplas idéias-semente para expandir a sua percepção do problema e das possíveis soluções.

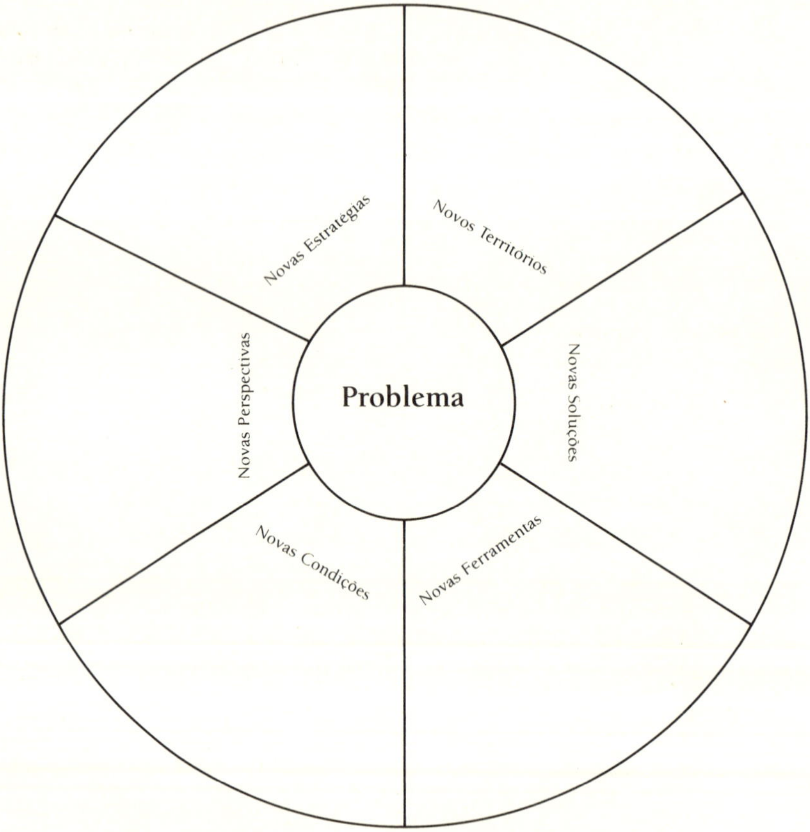

Síntese de Idéias

Amplie os conceitos interessantes por meio das técnicas de síntese de idéias.

Bom Humor *Use-a para fazer uma piada* *Crie uma imagem bem-humorada* *Faça mau uso da semente*	
Visualize *Ver o problema* *Ponto de vista da idéia-semente* *Ponto de vista de uma criança*	
Características *Reduza a idéia a semelhanças e diferenças* *Como ela se encaixa em seu contexto maior?*	
Metáforas *Ligue a situação à idéia-semente* *Com o que mais se parece a idéia-semente?*	
Aplicações *Como a idéia-semente poderia ser a solução?* *Mude o problema para se encaixar na solução-semente* *Modifique a semente para torná-la uma solução*	
Combinações *Combine com soluções velhas* *Combine com anti-soluções* *Combine com outra semente*	

Para Identificar suas Regras

Volte à lista de limitações que você identificou ao definir o problema. Identifique algumas de suas regras para resolver seus problemas. Anote-as abaixo. Use suas idéias para identificar suas regras particulares para resolver o problema. Avalie cada idéia e determine por que motivo ela vai ou não vai dar certo. Esses motivos também são regras. Anote-os.

Regras	Viole a Regra	Contorne a Regra	Regra Oposta	Caso Especial

Veja quais outras regras de resolução do problema você consegue encontrar nos seguintes campos:

Limitações Financeiras *Necessidades financeiras*	
Falta de Conhecimento *Você não sabe como fazer*	
Leis da Física *Leis da natureza que parecem ser obstáculos*	
Constrangimentos Legais *Regras que podem fazer você acabar na cadeia*	
Costumes e Preferências *Regras ou disposições não-escritas que muitas vezes são mais obedecidas do que as regras jurídicas ou da própria natureza*	

Dê uma nova olhada em sua lista de regras. Transgrida aquelas que mais dificultam a resolução do seu problema. Se você está com problemas para encontrar um modo de transgredir a regra, use uma das técnicas apresentadas abaixo, ou todas elas. Registre suas idéias mais promissoras na lista de sementes de soluções, na seção seguinte.

Viole a Regra *Transgrida deliberadamente a regra e agüente as conseqüências*	
Contorne a Regra *Elimine as principais circunstâncias que fazem valer a regra*	
Regra Oposta *Crie uma nova regra diametralmente oposta à regra original*	
Caso Especial *Defina circunstâncias convenientes em que não se aplicam as regras que o aborrecem*	

SEMENTES DE SOLUÇÕES

Algumas das suas idéias mais promissoras podem ser as sementes de uma verdadeira solução. Anote-as abaixo.

Sementes de Soluções

Como Fazer Crescer a Solução

Escolha uma idéia para ser desenvolvida até transformar-se numa verdadeira solução. Descreva a solução almejada.

Solução Almejada
AS REFORMAS DAS CASAS, E A CONSTRUÇÃO DA MINHA CASA (1º ANDAR)

Ignore os fatos inconvenientes. Use as técnicas de transgressão de regras para contorná-los.

Fatos Inconvenientes	Viole a Regra	Contorne a Regra	Regra Oposta	Caso Especial

Use o sexo cerebral para fortalecer seu pensamento. Discuta a sua idéia com muitas pessoas, especialmente pessoas de antecedentes diferentes dos seus e personalidade diferente da sua. Registre as idéias que essas pessoas lhe dão.

Colaborador	**Nível de Incesto**	**Idéias**
MESTRE DE OBRA- GORETHE		DA CERTO OS QUARTOS NO FUNDO 15-11-11 ORAR E APRESENTAR AO CHEFE 15-11-11

Você poderá se beneficiar muito se contar com um parceiro para resolver problemas. Identifique os pontos fortes da sua personalidade e as suas habilidades e capacidades, e identifique também os pontos que lhe fazem falta e dos quais você precisa. Depois, encontre um parceiro cujos pontos fortes complementem os seus.

	Habilidades	**Personalidade**
Tenho		
Preciso		

Experimente a sua solução de todas as maneiras possíveis e imagináveis. Cometa erros e expanda as fronteiras do seu conhecimento. Anote cada experimento e o que você aprendeu com ele.

Experimento	Data	O que Aprendi

Tentando fazer uma coisa nova todos os dias, faça crescer a sua capacidade de correr riscos e transgredir as regras.

Domingo	Segunda	Terça	Quarta	Quinta	Sexta	Sábado

EVITAR O MARTÍRIO

As idéias revolucionárias sempre geram resistência. Anote a sua estratégia para evitar ser castigado por ter criado uma solução inovadora.

Estratégia para Evitar o Martírio

O objetivo do Pensamento Einsteiniano não é outro senão o de libertar você das suas regras habituais. Com isso, você se torna capaz de identificar e transgredir as regras que o impedem de encontrar uma solução brilhante. Experimente ir registrando suas conquistas no diagrama abaixo, para ter uma idéia de como anda o seu progresso.

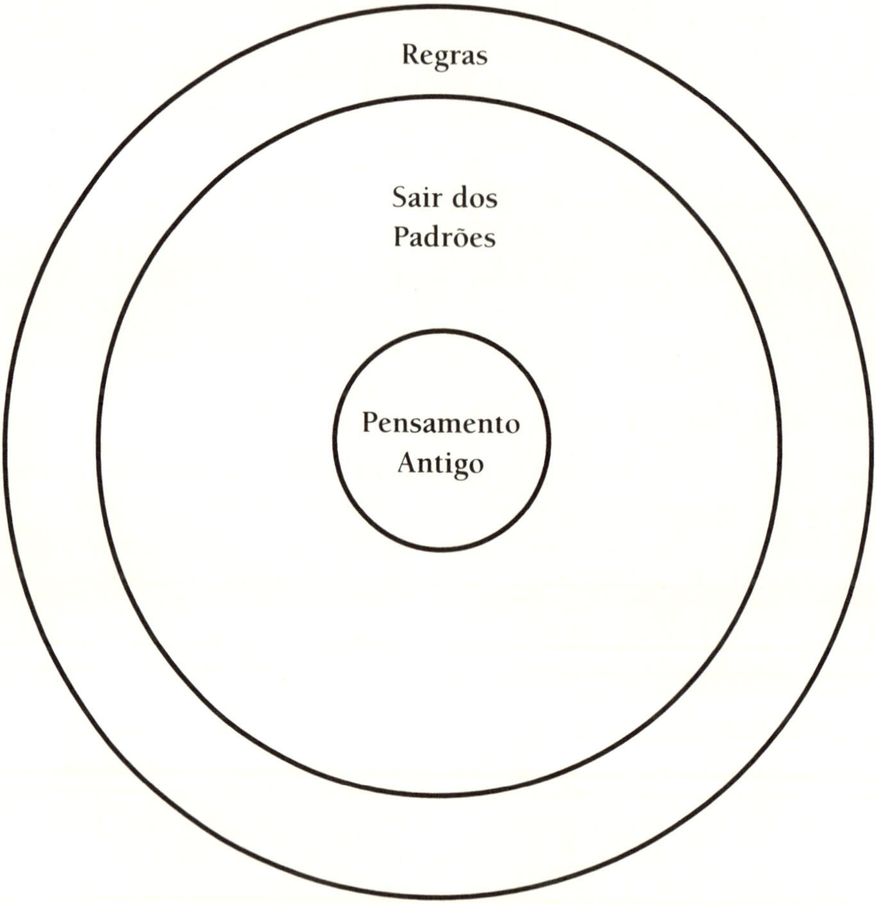

Apêndice B

A Equação de Einstein

"Segundo uma medida objetiva, é infinitesimal aquilo que o homem consegue arrancar da Verdade por meio de seus esforços apaixonados."

— ALBERT EINSTEIN

A equação de Einstein para a determinação do tempo relativo que passa para objetos movendo-se em velocidades diferentes sempre me impressionou. Eu já disse que fico surpreso por ser capaz de compreender e fazer os cálculos que levaram a essa inovação notável. Porém, não mostrei quais eram os cálculos. Para praticar o Pensamento Einsteiniano, não é preciso conhecer sequer as quatro operações. Mas aqui, no final do livro, vamos ficar sabendo como Einstein desenvolveu esta idéia marcante:

$$t' = \frac{t}{\sqrt{1 - \frac{v^2}{c^2}}}$$

Em 1887, quando Einstein tinha cerca de 8 anos de idade, A. A. Michelson e E. W. Morley fizeram uma experiência revolucionária. Queriam medir a diferença entre a velocidade da luz propagando-se no mesmo sentido do movimento da Terra e a velocidade da luz propagando-se no sentido perpendicular ao desse movimento. O objetivo era provar a existência do éter. Entretanto, eles não detectaram diferença alguma e todos ficaram perplexos. Vamos explicar por quê.

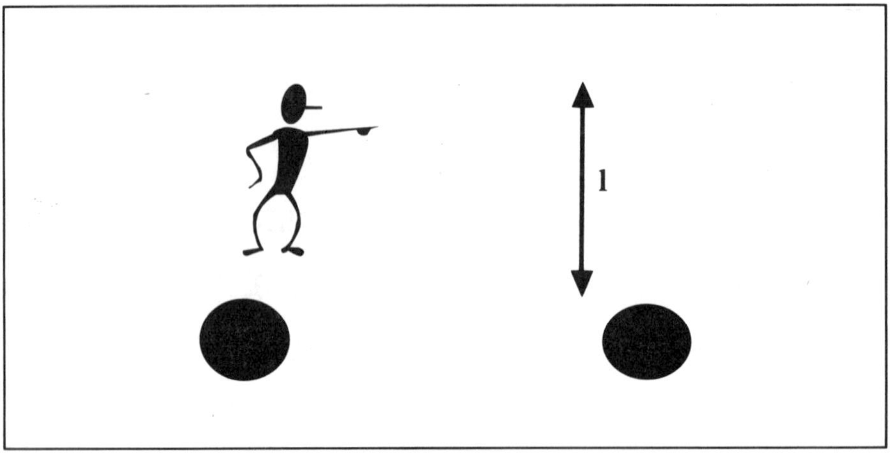

Figura B.1

Imagine que um raio de luz sai de uma fonte e desloca-se por uma distância (l). Para um observador que viaja junto com o raio de luz, a velocidade da luz e o tempo necessário para percorrer a distância são dados por duas equações muito simples, nas quais c é a velocidade da luz.

$$c = \frac{l}{t}$$

$$t = \frac{l}{c}$$

Mas, quando a própria fonte de luz se desloca no espaço, ocorre um problema. Dois observadores — um deles deslocando-se junto com a fonte de luz, e o outro "estacionário" — veriam a luz deslocando-se por distâncias diferentes. Se o ponto de referência (a fonte) se desloca pela distância d, o segundo observador veria a luz deslocando-se pela distância h. Como h e l obviamente representam distâncias diferentes, a luz teria de estar deslocando-se em velocidades diferentes para que as contas "batam". Isso vale para bolas de borracha e ondas sonoras.

$$h = ct'$$

$$d = vt'$$

$$l = ct$$

Entretanto, o experimento de Morley-Michelson demonstrou que a velocidade da luz era a mesma para ambos os observadores. Para os contem-

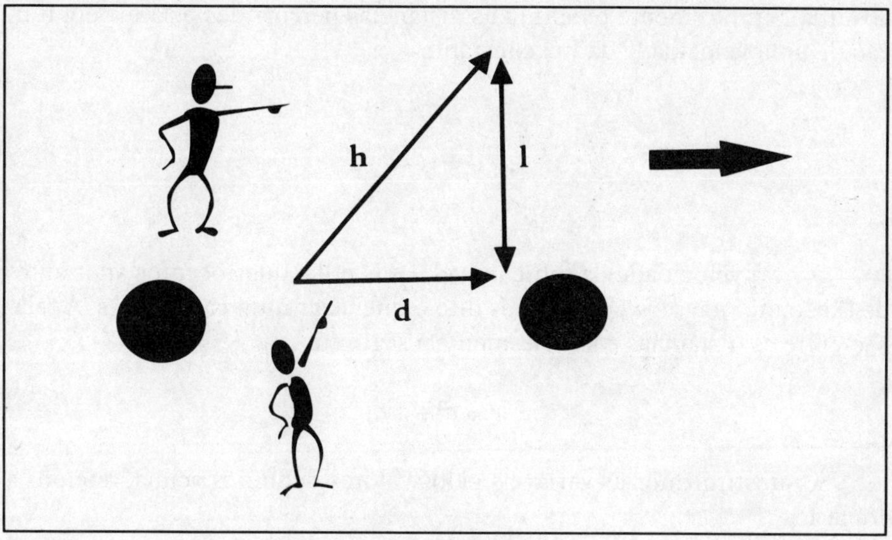

Figura B.2

porâneos de Einstein, o experimento foi um fracasso absoluto. Eles passaram anos tentando resolver o problema de por que a luz parecia sempre propagar-se à mesma velocidade, se o bom senso ditava que isso não podia acontecer. Também nesse empreendimento eles fracassaram.

Einstein decidiu-se a resolver um problema completamente diferente. Resolveu descobrir o que o experimento de Morley-Michelson tinha a dizer sobre a realidade do universo. Adquiriu assim uma enorme vantagem, pois esse problema tinha solução. Seus contemporâneos nunca conseguiram comprovar a existência do éter nem mostrar que a velocidade da luz era afetada pela velocidade da sua fonte. Não conseguiram porque isso era impossível.

Para ir em busca de sua solução, Einstein começou a brincar com a luz. Imaginou-se viajando sobre um raio de luz. Na prática, essa idéia era absurda. Porém, serviu para tirar da mente dele as preconcepções determinadas pelo mundo físico que percebemos pelos sentidos. Ele imaginou o que veria deslocando-se como um raio pelo universo. O que veria em outros raios de luz? O que aconteceria se olhasse num espelho enquanto estivesse viajando sobre o raio de luz? Acaso sua imagem desapareceria? Se ele fosse capaz de se ver no espelho viajando sobre o raio de luz, qual seria o significado desse fato?

Por fim, Einstein transgrediu uma regra. Perguntou-se o que aconteceria se a velocidade da luz fosse constante e o tempo, variável. Felizmente, não tinha a seu lado nenhum especialista para lhe dizer que sua idéia era absurda. Simplesmente redefiniu as distâncias percorridas pela luz em função de uma velocidade da luz constante.

$$h = ct'$$
$$d = vt'$$
$$1 = ct$$

O v é à velocidade da fonte móvel. Dois mil e quatrocentos anos antes de Einstein, Pitágoras já havia nos dito o que fazer num caso desses. A relação entre as distâncias é simplesmente a seguinte:

$$h^2 = d^2 + 1^2$$

Se substituirmos as variáveis pelos valores definidos acima, teremos a equação:

$$(ct')^2 = (vt')^2 + (ct)^2$$

Em seguida, você encontra um aluno de segundo colegial que tire boas notas em álgebra e pede que ele encontre o valor de t'. Mesmo que tivesse de fazer as contas sozinho, você provavelmente conseguiria.

$$t' = \frac{t}{\sqrt{1- \frac{v^2}{c^2}}}$$

Einstein ainda teria de encarar muitos anos de trabalho para fazer sua brilhante idéia crescer e chegar à teoria da relatividade. Porém, ele ignorou os céticos, cometeu muitos erros, comunicou suas idéias a outras pessoas e, no fim, triunfou.